Teil I – Erotische Düfte

Nicht nur Kleopatra ...

Schon die großen griechischen und ägyptischen Zauberinnen wußten um die Magie ätherischer Öle und Essenzen, ihre Herstellung, Aufbewahrung und, natürlich, ihre Anwendung.

Für sie war es die natürlichste Sache der Welt, pflanzliche Essenzen als Schönheitsmittel zu verwenden, wußten sie doch ganz genau, wie sie bei regelmäßiger Anwendung an attraktivem Aussehen gewinnen und wie Falten und das so verhaßte Älterwerden möglichst lange hinausgezögert werden konnten.

Aber natürlich wurden diese verführerisch duftenden Öle und Essenzen auch noch anderweitig zum Einsatz gebracht, wie man aus der Geschichte weiß!

Vielen Frauen der Antike – nicht nur Magierinnen und Hexen – war hinreichend bekannt, wie man mit Hilfe ganz bestimmter Düfte reihenweise Männerherzen zum Schmelzen bringen konnte! Außerdem waren diese Zauberinnen des Herzens weder sonderlich prüde noch zimperlich in der Anwendung ihrer Methoden! Und schon gar nicht dann, wenn es wieder einmal darum ging, dem Mann ihrer Träume auf verführerische Weise den Kopf zu verdrehen!

Ob derlei Aktivitäten nun dazu beigetragen haben mögen, den Partner für immer an sich zu binden oder nur vorübergehend zu fesseln, kann ich Ihnen allerdings auch nicht sagen.

Jedenfalls ist bekannt, daß diese Magierinnen oft die vielfältige Palette ihrer Verführungskünste einsetzten und deutlich zeigten, was sie einem Mann zu bieten hatten! Offensichtlich lebten die Frauen jener Zeit sehr körperbewußt und nutzten die Schönheitsmittel der Natur auf verschwenderische Weise – in Form berauschender Düfte! – Und offenbar wußten auch sie bereits, daß die Liebe eines Mannes nicht nur durch den Magen geht, sondern genau genommen zuerst einmal durch seine Nase! Letzteres gilt allerdings nicht nur für Frauen, wobei Männer natürlich auf andere Aromen ansprechen.

Eine wohl duftende Frau vermochte das leicht verführbare Männerherz sicherlich schon immer und überall auf der Welt höher schlagen zu lassen, und wenn diese Frau dann außerdem noch klug genug war, auch all die anderen Sinne des Mannes durch eine betörend duftende Essenz zu vernebeln, so war es um diesen bald geschehen!

Es ist bekannt, daß frau schon damals mit großer Vorliebe jenen Raum, in dem sie sich überwiegend aufzuhalten pflegte, mit sinnlichen Aromen beduftete, und somit hatte sie den Mann ihrer Begierde bereits so gut wie eingefangen.

Hierbei bediente sie sich meistens der leisen und auf sehr subtile Art wirkenden Düfte, denn nicht immer sind die Intensität eines Duftes und das bewußte Wahrnehmen eines bestimmten Geruches von ausschlaggebender Wirkung.

☆☆☆☆☆

Sinnliche Wahrnehmungen – unsere Nase

Düfte bestimmen unser Leben auf beeindruckende Weise, denn über unsere Nase empfangen wir verläßliche Botschaften aus unserer und über unsere Umwelt, und da wir uns in diesem Buch so intensiv mit Nasenschmeichlern der ganz besonderen Art befassen, – denn um nichts anderes handelt es sich bei den ätherischen Essenzen –, möchte ich Ihnen kurz einiges über Sinn, Zweck und Funktion der menschlichen Nase erzählen.

Unser Riechorgan spielt in unserem Leben in aller Regel eine außerordentlich wichtige Rolle, da die Nase ja nicht nur den Zweck erfüllt, uns mitzuteilen, was in unserer Umgebung gut und was schlecht riecht, sondern weitaus mehr als nur das vermag!

Sicherlich ist Ihnen bekannt, daß wir mit Hilfe der Nase imstande sind, binnen weniger Sekunden über Feind und Freund zu entscheiden! Wir lernen einen Menschen kennen, der uns auf den ersten Blick vielleicht sogar gefallen mag, und prompt wird auch schon unsere Nase aktiv, was uns allerdings meist noch gar nicht einmal bewußt ist, denn dieses erste Wahrnehmen mit der Nase läuft subtil ab – also im Unterbewußtsein des Betroffenen – und signalisiert:

„Sympathisch“ – oder „Unsympathisch“! „Gut“ – oder „Schlecht“! „Du kannst Vertrauen haben“ – oder aber: „Sei vorsichtig!“

Es kann deshalb nur von Vorteil sein, wenn man schon frühzeitig lernt, seinem angeborenen Geruchssinn etwas mehr Aufmerksamkeit zu schenken, als das üblicherweise der Fall ist! – damit könnte einem einiges an Unannehmlichkeiten im Leben erspart bleiben.

Genau genommen werden wir Menschen bereits ab dem Zeitpunkt unserer Geburt durch bestimmte Gerüche „programmiert", denn schon vom Tage unserer Geburt an ist unser Geruchssinn aktiv und sozusagen empfangsbereit!

Ein Baby erkennt seine Mutter bereits einige Tage nach der Geburt am körpereigenen Geruch und ebenso den typischen Geruch der Muttermilch. Diese feinen, subtilen Gerüche tragen sehr zum Wohlempfinden des Babys bei, weil sie ihm ein Gefühl von Geborgenheit vermitteln.

Nach und nach lernt das Kind dann immer neue, individuelle Gerüche kennen und unterscheiden, und obwohl das Baby durch die erste Vertrauensperson in seinem Leben tief geprägt ist, wird es durch die Botschaften seiner Nase unterscheiden lernen, zwischen Vertrauen zu einem fremden Menschen haben zu können, oder vorsichtig sein zu müssen!

Irgendwann dann trägt ein jeder von uns in seinem Unterbewußtsein ein beachtliches Erinnerungspotential unterschiedlichster Gerüche! Dort sind sie für immer gespeichert, die guten und schlechten Gerüche, und jene Düfte, die sofort angenehme oder unangenehme Erinnerung auslösen können, und zwar immer dann, wenn sie durch bestimmte Sinneseindrükke – eben in Form eines ganz bestimmten Duftes – wieder an die Oberfläche des Bewußtseins getragen werden!

Doch ganz egal, ob bestimmte Gerüche, die wir heute wahrnehmen, uns zurückversetzen in längst vergangene Zeiten, uns die glücklichen Tage unserer Kindheit ins Gedächtnis rufen, in denen wir uns so oft am Duft frisch gebackenen Kuchens erfreuten, den uns Großmutter sonntags immer auf den Tisch stellte, oder ob wir uns plötzlich wieder an den schönen, alten Rosengarten erinnern – Großvaters ganzer Stolz – nur weil wir gerade in diesem Augenblick an einer langstieligen Rosen schnuppern – ohne unsere zuverlässige Nase, die uns so viele Dinge des Lebens wahrnehmen läßt, wäre das Leben sicherlich nur halb so schön!

Auf diese Weise entwickelt der Mensch nach und nach eine gewisse Vorliebe für bestimmte Düfte, die er meist auch mit einem ganz bestimmten geistigen Bild assoziiert, das in angenehmer Erinnerung zu einem Erlebnis der Vergangenheit steht! Genauso entwickelt sich natürlich auch eine Abneigung gegen andere Gerüche, die in aller Regel ebenfalls von irgend welchen Gedankenbildern begleitet werden und denen meistens negative Erinnerungen der Vergangenheit zugrunde liegen. Aber auch das läuft bei den meisten Menschen unbewußt ab.

Unsere Vergangenheit, oder besser gesagt, der Ablauf der ersten Lebensjahre eines Menschen, ist also mitverantwortlich für seine Vorlieben und Abneigungen in Bezug auf Menschen – und prägt Situationen, sein Leben, seine Reaktionen, seine Partnerwahl und, natürlich auch, - sein Sexualverhalten!

Unser Geruchssinn kann allerdings noch mehr.

Unsere Nase signalisiert uns auch bei der täglichen Nahrungsaufnahme, ob die Lebensmittel, die wir zu uns nehmen, für unsere Gesundheit zuträglich sind oder nicht. Aber, es kommt noch besser:

Unsere Nase kann für uns Menschen sogar lebenswichtig oder gar lebensrettend sein, weil sie uns vor gefährlichen Stoffen (Rauch, Gas, Chemikalien usw.) warnt – und dies mitunter sogar, ohne daß es uns bis zu dieser Sekunde bewußt war, weil wir wenige Sekunden vorher vielleicht noch tief und fest geschlafen haben oder anderweitig beschäftigt waren!

Und irgendwann im Leben, wenn wir begriffen haben, daß da auch ein Zusammenhang besteht zwischen dem Geruch des Körpers eines anderen Menschen und der von uns empfundenen Sympathie oder Antipathie, dann wird es richtig interessant!, denn der Duft eines Menschen ist auch entscheidend für die Wahl unseres Partners, weil unser sensible Geruchssinn unbestechlich darüber entscheidet, wen wir gut leiden mögen, und wen nicht! Man könnte auch sagen:

Die Nase entscheidet darüber, wen wir gut riechen können, und wer uns stinkt, um es einmal drastisch auszudrücken!

Und unsere Nase entscheidet auch darüber, wen wir erotisch und attraktiv finden – wer uns also anmacht!

Wahrscheinlich ist unser Geruchssinn der sinnlichste all unserer Sinne, weil ihm die Distanz zu den Dingen fehlt! Er regt unsere Phantasie an. Und mitunter kann man sich regelrecht berauschen an den Düften, die uns so zahlreich zur Verfügung stehen.

Bleiben Sie das nächste Mal doch einmal ganz bewußt neben einem blühenden Rosenstrauch stehen! Schließen Sie die Augen und nehmen Sie nur noch den berauschenden Duft dieser herrlichen Blüten wahr.

Oder schnuppern Sie ganz bewußt im Brustbereich Ihres Partners. Lernen Sie den Geruch Ihres Partners kennen und lieben, falls Sie das bisher noch nicht bewußt getan haben, - und nehmen Sie die verschiedensten Düfte Ihres Partners wahr. Welche Gerüche umgeben ihn? – Auch dann, wenn er gerade einer körperlich anstrengenden Tätigkeit nachgeht. – Wie duften seine Haare, seine Haut, sein Atem, und natürlich auch – wie riecht der Schweiß Ihres Partners? Bitte, seien Sie nicht nur fixiert auf den Duft seines After Shaves und Deodorants!

Und wenn Sie ihn gut kennen – dann können Sie sogar anhand der körperlichen Ausdünstung Ihres

Partners auch erkennen, wenn er krank ist, ob er sich auf dem Weg zu einer Krankheit befindet, oder auf dem Weg der Genesung, denn auch das vermag eine aufmerksame Nase zu unterscheiden. Allerdings gehört dazu ein wenig Training!

☆☆☆☆☆

Nun – und wie geht es dann weiter, mit dem Schnuppern?

Von der Nase wandern die Gerüche ins Gehirn, wo sie im limbischen System registriert und uns bewußt werden.

Da in dieser Region des Gehirns aber auch der Sitz der Lernfähigkeit, unserer Emotionen und auch der unseres Gedächtnisses ist, werden bei uns mitunter – wenn wir ganz bestimmte Düfte wahrnehmen – heftige Gefühle ausgelöst.

Diese lebhaften Erinnerungen verbinden wir dann, je nachdem, mit bestimmten Menschen, Tieren, Orten, Pflanzen, Situationen oder sonstigen Dingen und sie sind, wie bereits erwähnt, von angenehmer Art – oder nicht, denn es hängt ganz von der jeweiligen Assoziation ab, die wir in solchen Situationen mit diesem oder jenen Geruch in Zusammenhang bringen.

Aber unser limbisches System ist auch mitverantwortlich für unseren Sexualtrieb – als „Überbleibsel“ aus jener Zeit unserer Vorfahren, da der Geruchssinn der wohl wichtigste Reizübermittler überhaupt war. So galten zu jener Zeit sicherlich die typisch weiblichen Gerüche als die wichtigsten Lockmittel für das männliche Geschlecht, das sich nach diesen erotischen Duftnoten der Frau orientieren konnte, ob die Frau ihrer Wahl zur Paarung bereit war, oder ob sich der balzende Pfau besser nach einer willigeren Partnerin umsehen sollte.

Offenbar verliefen die meisten Begegnungen zwischen den Geschlechtern positiv, denn sonst wäre unser Planet heute sicherlich nicht so überbevölkert!

Das limbische System steht in Verbindung mit dem Hypothalamus. Das ist jener wichtige Bereich des Zwischenhirns, der mit den Drüsen der Geschlechtsorgane verbunden ist. Hier findet das Zusammenspiel von Sexualempfinden und Geruchssinn statt.

Als Stimulanzhilfe sind chemische Duftboten aktiv, die das Fortpflanzungsverhalten von Männern und Frauen anregen. Sie werden von den innersekretorischen Drüsen, also den Keimdrüsen, der Nebennierenrinde, der Hypophyse und der Schilddrüse ausgeschüttet. Dadurch erhöht sich der Pulsschlag und unser Atem beschleunigt sich, während gleichzeitig auch die Genitalregion stärker durchblutet wird.

Die im Körper vorhandenen Duftboten werden zu diesem Zeitpunkt über die Haut – speziell über die Schleimhäute der Geschlechtsorgane –, ausgeschieden. Der körperlichen Liebe steht also nichts mehr im Wege! –

Aber es gibt sie natürlich auch, die „anderen" Zeiten – die Phasen, in denen man absolut keine Lust auf Liebe und Sex verspürt. Sei es nun deshalb, weil man sich schon seit langer Zeit überarbeitet fühlt, oder weil man glaubt, es fehle inzwischen in der langjährigen Partnerschaft der besondere „Kick"! Für derartige oder ähnliche Situationen empfiehlt es sich durchaus, es einmal mit einer duftenden Stimulanzhilfe zu versuchen. Diese kleinen Hilfsmittel bewirken in den meisten Fallen eine beachtliche Luststeigerung! - helfen sie doch in einer Phase sexueller Unlust, schneller als gedacht wieder Lust aufeinander zu empfinden.

Doch bevor ich näher darauf eingehe, möchte ich noch etwas anderes ansprechen, was mir in diesem Zusammenhang nicht weniger wichtig erscheint, da ich weiß, daß relativ viele Frauen ein kleines Problem hegen – mit ihren eigenen Körpergerüchen.

☆☆☆☆☆

Ein paar Worte im Vertrauen ...

Wenn eine Frau zu ätherischen Ölen greift, dann sollte das keinesfalls deshalb geschehen, weil sie beabsichtigt, mit Hilfe dieser Düfte den eigenen, natürlichen Geruch zu überdecken!

Der typische Eigengeruch eines gepflegten Körpers wirkt auf den Partner äußerst stimulierend, und schon deshalb sollte man sich überlegen, ob man diesen individuellen Geruch gewaltsam beseitigen möchte. Falls auch Sie zu den Frauen gehören, die glauben, sie würden selbst nach ein- bis zweimaligem täglichen Duschen nicht wirklich sauber sein und gut riechen, dann führen Sie sich bitte einmal vor Augen, daß der natürliche Duft Ihrer Haare und Ihrer Haut sicherlich einen erheblichen Teil dazu beigetragen hat, daß sich Ihr Partner in Sie! und nicht in eine andere Frau verliebt hat!!

Bitte, halten Sie sich dies regelmäßig vor Augen und vor allem dann, wenn Sie gerade wieder einmal im Begriff stehen, Ihren spezifischen Geruch durch ein stark duftendes Öl oder Parfüm zu betäuben!

Und noch etwas machen Sie sich bitte bewußt:

Wer sich selbst nicht riechen kann,
mag weder sich noch seinen Partner aufrichtig leiden!

Menschen, die man wegen ihres zwanghaften Verhaltens „Reinlichkeitsfanatiker" nennt, weil sie permanent und bei jeder passenden oder unpassenden

Gelegenheit unter dem Zwang stehen, sich waschen zu müssen, obwohl sie das erst kurze Zeit vorher getan haben, bedürfen der Hilfe, und zwar in Form eines guten Therapeuten! Wer glaubt, selbst auf dem Wege vom Badezimmer hinüber ins Bett des Partners bereits wieder „schmutzig" geworden zu sein, steht unter kontinuierlichem Zwang und hat nicht nur ein ungelöstes Problem mit sich selbst, sondern auch mit anderen Menschen oder seiner Umwelt im allgemeinen. Außerdem wirkt übertriebene Hygiene absolut unsinnlich auf den Liebespartner! Und ganz sicher wirkt es total unerotisch, wenn man in Stunden trauter Zweisamkeit die Nase des Partners plötzlich durch Gerüche wie Fichtennadelspray oder – was noch schlimmer ist – gar mit Sagrotan frustriert!

Unter derartigen Voraussetzungen ist ein befriedigendes Sexualleben ganz sicher nicht möglich, weil keiner der Partner sich durch diesen inneren Zwang jemals wirklich frei und unbefangen fühlen wird.

Um wirklich guten Sex haben zu können, sollte man schon mit den körpereigenen Gerüchen vertraut sein, und natürlich auch mit denen des Partners, denn Liebe geht nicht nur durch den Magen, sondern bekanntlich auch durch die Nase.

☆☆☆

Ätherische Öle sind also in der Lage, eine erotische Stimmung zu schaffen, besonders dann, wenn einem der beiden Partner, oder vielleicht sogar beiden, gerade einmal nicht der Sinn nach Liebe, Sex und Zweisamkeit steht!

Deshalb kann es sehr sinnvoll sein, wenn Sie sich, falls Sie hierbei Hilfe möchten, jener ätherischen Öle bedienen, die den betörenden Duftstoff des menschlichen Körpers nachzuahmen wissen!

Ich spreche hierbei natürlich vom wirklich gepflegten Körper, denn ein natürlicher Geruch wirkt nur so lange anregend auf den Partner, wie dieser Duft frisch ist und sich noch nicht zersetzt hat. Eine Frau, die glaubt, sich Tage lang nicht waschen zu müssen, wirkt sicherlich weder anziehend noch besonders weiblich, und das gilt auch für einen Mann, der meint, es sei ganz besonders männlich, um Wasser und Seife einen großen Bogen zu machen!

Die Öle - diese kleinen Hilfsmittel der Liebe – wirken genauso sexuell stimulierend wie ein menschlicher Körper in Erregung auf den Partner.

Speziell Öle wie Ylang-Ylang oder Patschuli, um nur zwei dieser Anheizer zu nennen, wirken auf die Rezeptoren des Gehirns intensiv stimulierend und aktivieren gleichzeitig auf sanfte, aber sehr wirkungsvolle Weise die Geschlechtsdrüsen eines sexmüden Mannes oder einer Frau. Diese Öle zählen also nicht zu jenen sanften Sorten, die zum Träumen anregen, sondern sie beflügeln die Sinne zu Taten und leidenschaftlichen Gefühlen, die danach drängen, sofort gelebt und ausgelebt zu werden!

Es hat also schon etwas für sich, wenn Sie Ihren Geruchssinn mit bestimmten Düften umschmeicheln und mit ihrer Hilfe eine Atmosphäre der Leidenschaft zu zaubern wissen. Und – es ist sicherlich nichts Verwerfliches dabei, ein klein wenig manipulierend in das Spiel der Liebe einzugreifen, wenn der Partner vor lauter Lustlosigkeit oder Fußballfieber womöglich die leidenschaftlichen Bedürfnisse seiner Frau vergißt! – und seine eigenen natürlich auch!

Nun, es ist also mitunter schon recht nützlich, eine sinnlich magische Frau zu sein, die noch dazu sehr genau weiß, was sie kann und natürlich auch – was sie will!

Und sollten Sie irgend welche Hemmungen haben, Ihr Wissen in Zukunft in die Tat umzusetzen, so vergessen Sie dabei bitte eines nicht: In der Liebe ist (fast) alles erlaubt!

☆☆☆☆☆

Ein paar praktische Tips

Was genau ist eigentlich ein ätherisches Öl oder, um es treffender zu sagen, eine ätherische Essenz?

Die meist recht komplizierte Herstellung dieser „duftenden Kostbarkeiten“ ist zweifelsohne eine bewundernswerte Kunst für sich! Um dieses Handwerk zu erlernen, bedarf es schon einiger Jahre; um es aber wirklich zu beherrschen, noch einiger Jahre mehr!

Falls Sie nun ernsthaft vorhaben, mit den Ölen zu arbeiten, sollten Sie unbedingt auf reine und natürliche Öle zurückgreifen und diese Öle nur von seriösen und namhaften Lieferanten beziehen. Sicherlich wird das eine Kostenfrage sein, denn verständlicherweise sind reine Öle um einiges teurer als die günstigeren Verschnitte und die synthetischen Öle, die den Markt inzwischen regelrecht überschwemmen.

Leider verhält es sich so, daß, wenn ein Händler ein ätherisches Öl mit einem anderen vermischt (verschneidet) und es dann als reines ätherisches Öl verkauft, er damit keinesfalls gegen eines der gültigen Gesetze verstoßen hat, denn laut Gesetz handelt es sich hierbei immer noch um ein reines ätherisches Öl.

Sie sehen, schon der Kauf ätherischer Öle ist nicht nur absolute Vertrauenssache, sondern Sie brauchen sogar noch eine Portion Glück, um genau den Händler zu treffen, bei dem Sie sich bestens bedient fühlen!

Also bitte Vorsicht bei Billigölen – denn nicht immer ist das drin, was drauf steht!

Leider kann man auch nur schwer einen Unterschied feststellen, wenn man an den Ölen riecht! Diese Billigöle riechen sicherlich nicht weniger intensiv als die teuren, und natürlich riechen sie auch nicht weniger angenehm.

Nun fragen Sie sich vielleicht, ob diese billigen Verschnitte nicht genau so gut und intensiv wirken, wie die teuren, edlen Mischungen?

Die Antwort ist schlicht und ergreifend: Nein.

Doch damit nicht genug! Viele Händler greifen auch gerne zu dem völlig legalen Trick, ihre ätherischen Öle mit anderen, natürlichen Ölen zu strecken, indem sie diese Essenzen – die durchaus von guter, aber auch weniger guter Qualität sein können, – beispielsweise mit Trägerölen mischen. Das geht beispielsweise sehr gut mit Aprikosen-, Mandel-, Soja- oder Traubensamenöl, um nur einige wenige Trägeröle zu nennen. Diese Trägeröle bilden somit die Basis für die ätherische Öle, und man mag sich fragen, weshalb der Gesetzgeber diesen Schwindel zuläßt.

Aber – keine Bange – es gibt einen kleinen Trick, mit dem Sie das Öl Ihrer Wahl auf seine Echtheit hin überprüfen können. Dieser kleine Schnelltest ist zwar schon ziemlich betagt, und viele kennen ihn sicherlich, aber er ist nach wie vor sehr wirkungsvoll.

Testen Sie das Öl Ihrer Wahl mit einem Blatt Löschpapier auf seine Qualität!

Genau genommen ist die geläufige Bezeichnung Öl für ätherische Essenzen auch nicht völlig korrekt, denn diese auf natürlicher Basis gewonnene und außerordentlich komplexe Substanz aus Blättern, Blüten, Holz, Stengeln, Samen, Früchten, Wurzeln ist eigentlich kein Öl, sondern die Essenz dieser Pflanzen oder Blüten, die in höchster Konzentration alle wichtigen Inhaltsstoffe und ihre Lebensenergie enthält. Und somit sind die aus diversen Pflanzen gewonnenen Elixiere also gar nicht, oder nur in seltenen Fällen, von öliger Konsistenz! Und genau aus diesem Grunde wird Ihnen das Löschpapier eine große Hilfe sein, denn wenn Ihre Essenz (ein Tropfen genügt für diesen Test) einen öligen Flecken auf dem Papier zurückläßt, könnte das der Hinweis auf mangelnde Qualität sein.

Handelt es sich bei diesen wunderbar duftenden Essenzen hingegen um edle, naturreine Extrakte, dann werden diese das Stück Löschpapier zuerst ölig aussehen lassen und dann ziemlich rasch verdunsten!

Ungepanschtes Öl wird also binnen kürzester Zeit verfliegen, sobald es der Luft ausgesetzt wird. Aber bitte, berücksichtigen Sie auch, daß selbst reinste und edelste Öle sehr unterschiedlich aussehen können, was Konsistenz und Farbe anbelangt.

Und noch ein Tip, der sich immer wieder gut bewährt, wenn Sie irgend wann einmal in die Situation kommen sollten, zwei oder drei Produkte verschiedener Hersteller zum gleichen Preis in einem Geschäft vorzufinden. Lassen Sie Ihrer Intuition freien lauf! Ja, lassen Sie getrost Ihr Gefühl darüber entscheiden, zu welchen der Fläschchen Sie greifen. Es verhält sich hierbei genauso wie bei der Sympathie zu einem Menschen: Ihre Intuition wird Ihnen sagen, was gut für Sie ist, und was nicht!

☆☆☆☆☆

Die Wirkungsweise der ätherischen Öle

Über ätherische Düfte und Essenzen und ihre Wirkungsweise gibt es Bücher zuhauf – damit möchte ich Sie also nicht behelligen.

Ich möchte Sie mit einer weitaus interessanteren Variante vertraut machen, nämlich wie man ätherische Öle – wie ich sie der Einfachheit lieber weiterhin nennen möchte, da dies der gebräuchlichste Ausdruck ist – anwenden kann, und seltsamerweise scheint genau diese Variante nicht so sehr bekannt und verbreitet zu sein. Es ist die magisch-erotische.

Um aber auf diesem Gebiet Meisterin werden zu können, müssen Sie erst einmal lernen, im Alltag mit den ätherischen Essenzen umzugehen.

Wenn Sie darin schon geübt sind – umso besser. Wenn nicht, hier ein paar einfache Übungen:

Stellen Sie zuerst einmal fest, welches Ihrer Probleme oder Bedürfnisse Sie mit Hilfe eines ätherischen Öls in den Griff bekommen möchten. Dann suchen Sie sich gezielt die entsprechenden Essenzen anhand der im Buch aufgeführten Angaben zusammen, und vermischen sie miteinander! –, wobei Sie den Wochentag und den Planeten mit heranziehen können, um auf diese Weise eine möglichst harmonische Wirkung zu erzielen. Wenn Sie möchten, stellen Sie Ihre ganz persönliche Essenz her, indem Sie während des Mischens eine entsprechende Räucherung vornehmen, um die harmonische Schwingung noch weiter zu vervollkommnen. Und schon sind Sie in Besitz Ihrer ganz speziellen und eigens auf Ihre Bedürfnisse abgestimmten Mischung.

Allerdings sollten Sie sich bitte unbedingt einprägen, daß es nicht unbedingt immer darauf ankommt, möglichst viele unterschiedliche Öle miteinander zu mischen, denn weniger ist auch hierbei oftmals mehr, und die Öle, die Sie für Ihre individuelle Mischung verwenden, sollten miteinander harmonieren.

Verlassen Sie sich hierbei in erster Linie auf Ihren Geruchssinn! Nehmen Sie Ihre Nase und Ihr angeborenes Fingerspitzengefühl zur Hilfe, denn in aller Regel kann man schon anhand der unterschiedlichen Duftrichtungen feststellen, was in etwa zueinander paßt, und was nicht!

Im Lauf der Zeit werden Sie herausfinden, daß der Umgang mit ätherischen Ölen nicht nur viel Freude bereitet, sondern Ihnen auch hilft, Ihre jeweilige Stimmung zu erkennen, die Ihnen vorher vielleicht noch gar nicht einmal so recht bewußt war – greifen wir doch beinahe automatisch zu jenen Ölen, die wir gerade für uns, oder besser gesagt, für unsere Bedürfnisse oder Stimmung benötigen!

Voraussetzung hierfür ist natürlich, daß Sie bereits über eine größere Anzahl von Ölen verfügen und dann mehr oder weniger blind zu einer der Flaschen greifen können. Aber es funktioniert, – auch beim Kauf einer neuen Essenz! Wenn Sie vor dem Regal mit den Essenzen stehen, lassen Sie sich einfach von

Ihrer Intuition leiten, und Sie werden stauen, was Ihnen diese zu sagen hat.

An Tagen voller Traurigkeit, wenn alles wieder schief gelaufen ist und Sie sich am liebsten schon vor dem Aufstehen die Bettdecke über den Kopf gezogen hätten, werden Sie automatisch zu den Gemütsaufhellern unter den Duftölen greifen!

Und an Tagen, an denen es Ihnen ganz besonders gut zu gehen scheint, greifen Sie bestimmt zu jener Sorte von Ölen, die Ihnen einen sicheren Blick in die sonst verborgenen Winkel Ihrer Seele erlauben, weil Sie an solch einem wunderbaren Tag stark genug sind, um sich auch Ihren Schattenseiten im Leben zu stellen, oder sich diese zumindest einmal etwas näher anzusehen. Aber natürlich kann es auch sein, daß eine ganz andere Seite in Ihnen geweckt wird, oder geweckt werden möchte – an einem Tag voller Glück und guter Laune!

Vielleicht verspüren Sie plötzlich intensive Lust, sich selbst und Ihrem Partner einen unvergeßlichen Abend zu bereiten und greifen, ganz diesem Instinkt entsprechend, zu den schweren, schwülen Düften!

Sobald Sie also ein wenig mehr Übung im Umgang mit ätherischen Ölen und ihrer Anwendung haben, sollten Sie sich unbedingt von Ihren Gefühlen inspirieren zu lassen: Beginnen Sie damit, sich ihre eigenen sinnlichen Duftmischungen zusammenzustellen und schaffen Sie mit Hilfe der verschiedenen Öle, die Sie zwischenzeitlich besitzen, Ihre ganz persönliche, duftende Liebeskomposition!

Die neu entdeckte Sinnlichkeit

Sie haben schon seit längerem keine richtige Lust mehr auf Liebe und Sinnlichkeit? Und zu allem Unglück – Ihr Partner auch nicht?

Nun, ich verkneife mir jetzt die Frage: Weshalb?, weil ich glaube, Ihre Antwort bereits zu kennen, habe ich doch viele Jahre meines Lebens beruflich damit verbracht, mir Tag für Tag die Probleme meiner Artgenossinnen anzuhören, um ihnen dann zu raten, was sie dagegen unternehmen können, um wieder zurückzufinden zu einem Leben voller Spaß und Liebe.

Natürlich lagen viele dieser Probleme auch im Bereich Partnerschaft und Sexualität. Oder sollte ich vielleicht besser sagen, viele der Probleme sind durch mangelnde Sexualität, oder gar nicht mehr vorhandene entstanden? Und oft genug besaßen viele meiner Klientinnen kein ausgeprägtes Selbstbewußtsein, ein ziemlich zerstörtes – oder, noch schlimmer, gar keins!

Jedenfalls ist es ja nichts Neues, daß wir Frauen heutzutage – Dank der Medien – einem immens starkem Druck ausgesetzt sind! - vom permanenten Druck, den uns die Gesellschaft auferlegt, einmal ganz zu schweigen! Natürlich liegen einem mangelnden Selbstbewußtsein noch andere Dinge zugrunde, - wie Kindheit, Elternhaus, negative Erfahrungen im partnerschaftlichem Bereich, um nur einige Beispiele zu nennen, die der Förderung eines gesunden Selbstbewußtseins störend entgegengewirkt haben mögen. Doch die Medien, speziell die Werbung im

Fernsehen, sind sicherlich zum großen Teil mitverantwortlich dafür, daß sich viele Frauen minderwertig und nicht attraktiv genug für ihren Partner fühlen.

Man kennt das ja! Möglichst jung und knackig soll man aussehen, gleichzeitig mit beiden Beinen im Beruf stehen, und das Ganze auch noch möglichst erfolgreich, versteht sich. Die gemeinsamen Kinder soll man zu tadellos funktionierenden Geschöpfen dieser Gesellschaft erziehen, den Haushalt so ganz nebenbei „schmeißen", und natürlich obendrein, – als krönende Zugabe sozusagen – eine aufregende und sinnliche Geliebte für den Partner sein.

Schön und gut, wobei letztes Beispiel natürlich auch uns selbst zugute kommt, denn positiv eingesetzte sexuelle Energie wirkt sich stärkend auf Körper, Seele und Geist aus, läßt unsere Augen glänzen und die Haut rosig schimmern und wie Porzellan aussehen. Ein kostenloser Jungbrunnen sozusagen!

Aber nach all den Strapazen eines langen, arbeitsreichen Tages ist es nicht immer leicht, den Ansprüchen des Partners gerecht zu werden, – oder den eigenen! Oder aber der Partner, der einem noch immer sehr am Herzen liegt, schläft bereits laut schnarchend nebenan im Bett und scheint längst vergessen zu haben, was man mit einem weiblichen Körper so alles anfangen kann!

Das sind genau die Situationen, in denen eine Frau dann prompt damit beginnt, an der Liebe des Partners zu zweifeln, und an der eigenen, vermeintlich nicht mehr vorhandenen Weiblichkeit, zu verzweifeln!

Und das ist dann der Anfang vom Ende!, - denn wenn eine Frau sich selbst nicht mehr mag und sich nicht mehr attraktiv und begehrenswert findet, wie bitte soll es dann ihr Partner tun?

Aber vielleicht legt ja auch die eine oder andere Frau gar keinen gesteigerten Wert mehr darauf, begehrenswert und attraktiv auf ihren Partner zu wirken, weil auch sie ihn nicht mehr anziehend findet und deshalb die körperliche Nähe ihres Partners momentan nicht oder gar nicht mehr erträgt! Aber gerade in einer solchen Situation könnte man sich vielleicht einmal ernsthaft überlegen, ob es nicht sinnvoller wäre, dem trübsinnigen Dasein „irgendwie“ ein Ende zu setzen.

Mit irgendwie meine ich, daß man – falls man den Partner noch immer liebt – unbedingt etwas unternehmen sollte, um diesen unbefriedigenden Zustand in einen befriedigenden – im wahrsten Sinne des Wortes! – und angenehmen zu verwandeln! Und genau hier an diesem Punkt setzt das Wissen um die Wirkung magischer Essenzen und Düfte an.

☆☆☆☆☆

Die Lust des Partners mit sinnlichen Düften wecken

Das ist eine der vielen Möglichkeiten, um wieder Pep und Schwung ins eheliche Alltagsleben zu bringen.

Wichtig ist, die Neugier aufeinander wieder zum Leben zu erwecken, Raum zu schaffen für intensive Gefühle, und Zeit zu finden für gute, vertrauliche Gespräche, – das alles ist ja für eine gut funktionierende Partnerschaft sehr wichtig, denn auf diese Weise läßt sich auch die Sinnlichkeit wieder neu entdecken. Aber das alles wird nur dann funktionieren, wenn noch echte Gefühle füreinander da sind.

Wenn dies alles für Sie und Ihren Partner zutrifft, – umso besser: Dann wird Ihnen das Wissen um die Wirkung ätherischer Öle tatsächlich von großem Nutzen sein. Und falls nicht? Dann denke ich, daß Sie es sich selbst schuldig sind, Ihr verlorengegangenes Selbstvertrauen wieder zu finden! Für jeden von uns gibt es einen Menschen, der nur darauf wartet, von uns gefunden zu werden, und der sich glücklich schätzen würde, all die angenehmen Dinge des Lebens mit einer sinnlichen Frau zu genießen!

Aber noch ist ja nicht alles verloren! Oft reicht es schon, wenn Sie wissen, wie Sie bei Ihrem Partner ganz bestimmte Erinnerungen an ein gemeinsames, stark empfundenes Erlebnis durch einen ganz bestimmten Duft wieder wachrufen können, um so seine Lust wieder zum Leben zu erwecken!

Über dieses und ähnliches Wissen haben einst jene Frauen verfügt, die sich mit magischen Praktiken befaßten, und da sie meist auch sehr selbstbewußt waren, können Sie getrost davon ausgehen, daß sie sich ihres Körpers und ihrer Attraktivität durchaus bewußt waren. Das dürfte sie wohl auch unterschieden haben von ihren eher prüde gearteten Schwestern, die sich weder mit Essenzen oder magischen Praktiken auskannten, noch gewußt haben, was es mit der Magie der sinnlichen Ausstrahlung einer Frau auf sich hat. Nun – Sie gehören – hoffentlich – nicht zu den „prüden" Schwestern, sondern sind eine aufgeschlossene Frau, die ihre magische Ausstrahlung durchaus einzusetzen und ihr nachzuhelfen vermag, wenn es denn einmal notwendig sein sollte, – denn Sie als erotische Frau und raffinierte Verführerin verstehen es durchaus, bei dem Mann Ihrer Wahl einen bleibenden Eindruck zu hinterlassen – durch Ihren Duft!

Und wenn Sie es schon einmal ausprobiert hat, Ihren Partner mit einem gemeinsamen Bad zu überraschen, wobei Sie es natürlich nicht versäumt haben, dem Badewasser eine eigens dafür kreierte Mischung aus sinnlich duftenden Ölen zuzufügen, dann wissen Sie, wovon ich rede.

Oder vielleicht haben Sie Ihren Liebsten schon einmal mit roten Rosenblättern überrascht, die Sie im Bett verteilt haben, mit dem dazugehörigen, betörenden Duft, der Ihnen bereits beim Betreten des Schlafzimmers die Sinne schwinden läßt? Aber bitte Vorsicht, nicht zuviel nehmen, denn sonst bewirken Sie genau das Gegenteil von dem, was Sie gerne erreichen möchten.

Also: Ihrer Phantasie sind keine Grenzen gesetzt. Lassen Sie sich inspirieren! Viele tolle Tips für erotische Stunden finden Sie auch in *Mein magisches Rosenbuch* von Gina Hellmann oder *Ein Fest der Sinne* von Sylvia Leela Isani & Christine Janson. [1)]

☆☆☆☆☆

[1)] siehe Werbung hinten im Buch

Wannenbäder und andere Wonnen

Welche Frau kennt sie nicht, diese Tage, an denen man sich einfach zum Wegwerfen fühlt und an denen sogar die eigene Katze mehr Sex-Appeal zu haben scheint als man selbst. Doch Sie haben ein wichtiges Date und fühlen sich erschöpft und lustlos? Kein Problem, denn auch hier kann Abhilfe geschaffen werden, und zwar mit folgenden Essenzen, die sich sehr gut in einem Entspannungsbad anwenden lassen. Oder Sie stellen sich daraus ein Massageöl her, mit dem Sie Ihren Körper – speziell an solchen stressigen Tagen – nach einer ausgiebigen Dusche oder nach dem Baden so richtig verwöhnen.

Muskatellersalbei, Koriander, Marokkanische Rose, Kümmel oder Sandelholz!

Eine besonders empfehlenswerte Mischung aus diesen Essenzen ist folgende:

5 Tropfen Marokkanische Rose
4 Tropfen Koriander
6 Tropfen Zitrone
Mit einem Trägeröl (ca. 2 – 3 Eßlöffel!) Ihrer Wahl mischen!

Tip:
Sie können für kleine Mengen Basisöl ein Schnapsglas verwenden, es faßt ungefähr 30 ml und

ist für ca. 15 Tropfen Essenz gerechnet!

Und nicht zu vergessen – Sie dürfen natürlich auch ungeschlagene Sahne anstelle eines Trägeröls für Ihr Erholungsbad verwenden!

Darüber wird sich speziell Ihre strapazierte, trokkene Haut freuen.

Genießen Sie Ihr ganz spezielles Lieblingsöl – beispielsweise in der Badewanne!

Wonnebad

Nehmen Sie maximal 8 - 10 Tropfen Öl Ihrer Wahl!

Sie können, wenn Sie wollen, das Öl auch mit einem Viertel Liter Sahne vermischen, bevor Sie es dem Badewasser zufügen, so tun Sie zusätzlich noch etwas Gutes für Ihre Haut!

Und so wird's gemacht:

Lassen Sie zuerst das möglichst gut warme Wasser in die Wanne einlaufen, dann geben Sie das ätherische Öl, das Sie entweder als fertiges Produkt gekauft oder nach Belieben mit anderen Essenzen gemischt haben, hinzu und verrühren das Wasser mit den Händen.

Achten Sie bitte auf eine geschlossene Badezimmertür, damit die wertvollen Dämpfe, die durch das Wasser entstehen, nicht aus dem Raum entweichen können. So ein herrlich entspannendes Bad sollte mindestens zehn Minuten genossen werden, damit Ihr Körper sämtliche Wirkstoffe der ätherischen Öle über die Haut aufnehmen kann. Während dieser kostbaren Minuten der Ruhe bitte abschalten und sich ganz auf sich selbst konzentrieren. Atmen Sie den wohltuenden Duft der Öle tief ein und genießen Sie das wunderbare Gefühl innerer und äußerer Harmonie.

Tip:

Je heißer Ihr Badewasser, desto mehr wird Sie dieses Bad entspannen!

Je kühler das Wasser, desto anregender wird es auf Sie wirken!

Stimulierende Öle:

Jasmin, Rosmarin, Wacholder, Pfefferminze, Orange und Verbene!

Entspannende Öle:

Lavendel, Kamille, Geranie, Majoran und Sandelholz!

Selbstverständlich können Sie mehrere dieser Essenzen miteinander mischen oder Ihr Duschgel, Badeschaum oder Shampoo mit den ätherischen Essenzen Ihrer Wahl anreichern! Bitte achten Sie anfangs darauf, nicht zuviel ätherisches Öl beizufügen. Beginnen Sie am besten mit zehn bis fünfzehn Tropfen, wenn Sie beispielsweise Ihr Duschgel „veredeln“ möchten!

☆☆☆

Gehören Sie zu jenen Menschen, die einen Saunabesuch durchaus zu schätzen wissen, weil Ihnen der entspannende Effekt so gut gefällt und weil Sie wissen, daß auch Ihre Haut sich darüber freut?

Dann sollten Sie folgendes ausprobieren, – zu Hause und im stillen Kämmerlein.

Rechnen Sie zwei bis drei Tropfen edles ätherische Öl auf ½ Liter Wasser (kalkfrei!)

Tip:

Bitte verwenden Sie möglichst Kiefernöl, Öl vom Teestrauch oder das gute, alte Eukalyptusöl!

Mischen Sie das Öl Ihrer Wahl schon einige Zeit vorher in das Wasser, das Sie für Ihren ganz speziellen Aufguß schon bereitgestellt haben, damit die in der Essenz enthaltenen Wirkstoffe sich besser entfalten können.

Diese drei oben genannte Öle besitzen allesamt eine hervorragende reinigende und gleichzeitig entgiftende Wirkung. Atmen Sie die Dämpfe möglichst tief ein, damit die Öle ihre Wirkung voll und ganz entfalten können. Durch das Schwitzen wird Ihr Körper die im Verlauf der Zeit angesammelten Giftstoffe ausscheiden, und Sie werden sich anschließend wie neu geboren fühlen.

☆☆☆

Falls Sie keine Lust auf Liebe haben, weil Sie erkältet sind oder Ihren Kopf anderweitig freimachen wollen, weil Sie sich zur Zeit mit diversen Problemen herumplagen müssen – gönnen Sie sich eine wohlriechende Inhalation und atmen Sie sich frei für die Liebe.

Und so geht´s!

Bitte nicht mehr als zwei bis drei Tropfen Öl Ihrer Wahl verwenden, sonst könnten Ihre Augen oder Ihre Nasenschleimhäute empfindlich auf den heißen Dampf reagieren oder dieser gar eine Entzündung Ihrer Augen hervorrufen. Außerdem werden Sie merken, daß zwei bis drei Tropfen für diesen Zweck mehr als ausreichend sind.

Nehmen Sie eine große Schüssel und füllen Sie diese mit möglichst heißem Wasser. Fügen Sie das ätherische Öl hinzu und mischen Sie das Wasser kurz mit einem Löffel, damit sich die Essenz gut mit dem Wasser verbindet und ihre Wirkung entfalten kann. Legen Sie sich ein ausreichend großes Handtuch griffbereit, setzen Sie sich bequem hin und halten Sie dann Ihr Gesicht über die Schüssel. Zwanzig bis dreißig Zentimeter Abstand reichen für eine erfrischende Inhalation. Breiten Sie das Handtuch über Ihren Kopf, so daß die Schüssel ebenfalls voll bedeckt ist und der wohlriechende Dampf nicht entweichen kann. Atmen Sie die Dämpfe ungefähr ein bis zwei Minuten ein und halten Sie die Augen dabei geschlossen, damit Sie Ihre Bindehaut nicht reizen!

Ihre eigene Duftkreation für sinnliche Stunden

Rechnen Sie pro Teelöffel Basisöl drei bis vier Tropfen ätherisches Öl!

Folgende Pflanzenöle eignen sich besonders gut als Basis: Traubenkern-, Soja-, Erdnuß-, Mandel-, Aprikosenkern- oder Haselnußöl.

Füllen Sie das Öl in eine kleine Flasche und geben Sie dann das ätherische Öl Ihrer Wahl hinzu. Schütteln Sie die Mischung kräftig durch und rollen Sie dann die Flasche eine Weile in Ihren Händen, damit sich die Öl-Mischung gut miteinander vermischt bzw. sich das ätherische Öl in dem Pflanzenöl auflösen kann.

In aller Regel reicht eine Handvoll Öl für eine Massage aus.

Tip!

Sollten Sie auf verschiedene Kosmetika allergisch reagieren, so empfiehlt es sich, das Öl vorsichtshalber erst an einer kleinen Stelle des Körpers zu testen und mindestens 24 Stunden abzuwarten, bevor Sie mit der Massage beginnen!

☆☆☆☆☆

Die erotische Massage

Sollten Sie bisher den Eindruck gewonnen haben, eine Rückenmassage diene nur zur Heilung von Beschwerden, so lassen Sie sich bitte sagen, daß Ihnen so manches im Leben entgeht, wenn Sie auf den sinnlichen Genuß einer Partnermassage verzichten!

Was hält Sie also ab, sich – einfach nur mal so zum Spaß – von Ihrem Partner verwöhnen zu lassen, mit einer wunderbar entspannende Massage?! Oder besser noch, Sie wechseln sich ab und verwöhnen sich gegenseitig mit einer Ganzkörpermassage und einem speziell für diese Zwecke kreierten Massageöl mit erotisierender Wirkung!

Vorher könnten Sie sich noch ein entspannendes Vollbad gönnen, angereichert mit feinsten Duftölen, die nicht nur den Streß des Tages binnen kürzester Zeit vergessen lassen, sondern auch schon anregend auf die Sinne einwirken!

Es gibt eine Menge dieser ätherische Essenzen, die zum einen Streß beseitigen, zum anderen aber auch aphrodisierend wirken, - Ambrette, schwarzer Pfeffer, Kümmel oder Geranium, um nur einige zu nennen!

Sie sehen also: Nicht nur „Milch macht müde Männer munter!“

Damit eine erotische Massage auch hält, was Sie als Verführerin *par excellence* sich versprechen, könnten Sie folgendes tun:

Sie treffen schon Stunden vorher einige wichtige magische Vorkehrungen, indem Sie einen ganz speziellen Tag, eine Anzahl von Kerzen in ganz bestimmter Farbe auswählen und sich einer magischen Räucherung bedienen! Wie das alles funktioniert, erfahren Sie im Teil „Magische Räucherungen".

Anwendungen dieser Art empfehlen sich immer dann, wenn Sie etwas ganz Bestimmtes bei Ihrem Partner erreichen möchten! Sei es nun ein Mehr an Aufmerksamkeit, Zeit oder Liebe, oder aber weil Sie glauben, der gemeinsamen Liebe wieder etwas mehr „Pep" verleihen zu wollen. Oder gar, weil Ihr Partner als Liebhaber nicht mehr das bringt, was Sie von ihm erwarten – denn auch hierfür läßt sich etwas tun!

Und auch ein gepflegtes (leichtes!) Essen, angenehme Musik und stimmungsvolles Kerzenlicht wird Ihre Pläne begünstigen.

Das wäre schon ein sinnliches Einstimmungsritual für das, was dann folgt – die Partnermassage. Sinnvoll ist natürlich auch, sich alle dafür nötigen Utensilien schon vorher bereit zu legen, denn nichts ist stimmungstötender als das ewige Aufspringen, um wieder etwas zu holen, was man dummerweise vergessen hat.

Vielleicht sollten Sie auch an eine ausreichend große Unterlage denken, denn manche der Massageöl-Mischungen können hartnäckige Flecken hinterlassen.

Bei der Massage selbst geben Sie bitte das Öl – etwa einen kleinen Teelöffel voll – nicht gleich auf die Haut Ihres Partners, sondern zuerst in Ihre Hände, um es zu erwärmen. Dann verreiben Sie es noch ein wenig in den Händen, und erst dann beginnen Sie mit der Massage! Wenn Sie die richtigen Öle verwendet haben, liegt sicherlich schon bald Liebe in der Luft!

Beispielsweise: Ylang-Ylang, Kümmel, Verbene oder Marokkanische Rose.

Und denken Sie daran:

Sinnlich zu sein bedeutet unter anderem auch, sich voll und ganz auf den Partner einzulassen und seine Eigenheiten zu berücksichtigen!

☆☆☆

Düfte, die Männern gefallen (aber natürlich auch von Frauen gerne benutzt werden!):

Sandelholz, Kümmel, Patschuli, Ambrette, Geranium, Ylang-Ylang.

Und für den Fall, daß „er“ mal wieder unter körperlichem Streß oder psychischen Ängsten leidet, versuchen Sie es doch einmal mit einem dieser herrlichen Düfte, oder einer Mischung:

Jasmin, Vetiver, Basilikum, Zedernholz, Majoran oder Bergamotte.

Auch hier können Sie zwei bis drei der ätherischen Essenzen miteinander mischen und sich dabei auf Ihr angeborenes Fingerspitzengefühl verlassen, denn dieses wird Ihnen helfen herauszufinden, was gut für Ihren Partner ist!

Sie können diese Essenzen selbstverständlich auch schon für das gemeinsame Bad verwenden und anschließend für eine ausgiebige Massage! Verleihen Sie auch hier Ihrer Phantasie Flügel – und schon bald werden Sie gemeinsam mit Ihrem Partner ins Reich der Sinnlichkeit „fliegen".

Doch diese Ratschläge dienen lediglich als Anregung, denn es liegt mir fern, Ihre Phantasie einzuschränken!

Falls Ihr Liebster unter starken Spannungen leidet und deshalb nicht so gut abschalten kann, könnten Sie es vielleicht mit dieser Mischung probieren:

„Streß-laß-nach"-Mischung

3 Tropfen Ingwer und 2 Tropfen Majoran mit einem Eßlöffel Pflanzenöl vermischen!

Diese Mischung ein- bis zweimal wöchentlich angewandt, und Ihr Liebster wird sich wie neugeboren fühlen!

Und wenn Sie bereits beim gemeinsamen Bad diese ganz besondere kribbelnde Schwingung zwischen sich und Ihrem Partner erzeugen möchten, sollten Sie es mit dieser Mischung probieren:

2 Tropfen Marokkanische Rose
3 Tropfen Bergamotte
1 Tropfen Zedernholz

Diese Mischung erhöht garantiert die sexuelle Schwingung zwischen den Liebespartnern!

Aber auch die folgenden Essenzen werden Ihnen dabei helfen, wieder Lust auf Liebe und körperliche Nähe zu empfinden:

Ingwer, Muskatellersalbei, Bohnenkraut, Angelika, Sandelholz, Neroli und Ylang-Ylang

Sie können diese Essenzen wie gehabt entweder regelmäßig Ihrem Badewasser zufügen, oder aber Sie verwenden einige dieser Essenzen in Form eines Massageöls, das Sie sich von Ihrem Partner regelmäßig einmassieren lassen. Ebenfalls im unteren Rückenbereich, Bauch, Schenkel und Solarplexus! Sie können zwei bis vier Öle miteinander mischen, wobei wieder Ihre Intuition gefragt ist, für welche der Essenzen Sie sich entscheiden.

Und hier eine empfehlenswerte Mischung für Sie:

10 Tropfen Muskatellersalbei
3 Tropfen Ylang-Ylang
2 Tropfen Bohnenkraut

Mit 3 Eßlöffel Trägeröl vermischen und zwei- bis dreimal wöchentlich anwenden!

Beginnen Sie mit der Massage am besten bei zunehmendem Mond und achten Sie darauf, daß Ihr Partner Sie dann auch direkt am Tag des Vollmondes massiert!

Viel Spaß!

☆☆☆

Und sollte Ihr Liebster Probleme mit der Potenz haben, könnten Sie folgendes probieren!

5 Tropfen Patschuli, 6 Tropfen Muskatellersalbei und 4 Tropfen Ylang-Ylang erst miteinander und dann mit einem Eßlöffel Trägeröl vermischen.

Massieren Sie diese Mischung mit Ihrer rechten Hand in den Solarplexusbereich Ihres Partners, und zwar entgegen dem Uhrzeigersinn! Das sollten Sie zwei- bis dreimal wöchentlich tun – möglichst bei zunehmendem Mond!

Durch diese kleine, aber sehr wirkungsvolle Massage werden auch die Hauptnervenbahnen wieder in Schwung gebracht und ihnen stärkende Energie zugeführt! Falls Sie Reiki kennen, ist das ja nichts Neues für Sie!

Massieren Sie auch den unteren Rückenbereich Ihres Partners mit diesem Öl und auch die Oberschenkel! Nach zwei – drei Wochen sollte sich eigentlich schon ein erster Erfolg eingestellt haben!

Der Solarplexus – das Sonnengeflecht – liegt zwischen dem Brustbein und Nabel. Es ist das vitale „ Energiezentrum" eines Menschen und reagiert sehr sensibel auf Berührungen aller Art. Der Solarplexus stellt ein Gefühlszentrum im menschlichen Körper dar und sollte daher bei einer Massage nicht allzu lange und auch nicht allzu intensiv bearbeitet werden!

Wenn Sie die rechte Hand ganz sachte auf den Solarplexus des Partners legen (dabei langsam bis dreißig zählen!), wobei die Finger Richtung Kopf zeigen wird beim Partner ein positiver Energiefluß ausgelöst. Während Sie das tun, umfassen Sie mit der linken Hand den rechten Arm des Partners, denn auf diese Weise schaffen Sie einen „geschlossenen Stromkreis" und stimulieren gleichzeitig auch das Sonnengeflecht Ihres Partners. Normalerweise wird auch ein nicht so sensibler Partner spüren, wie nun ein Strom von Energie durch seinen Körper zu fließen beginnt!

Paradiesische aphrodisische Tips und Rezepte

Zaubertränke

Bevor ich Ihnen einige Rezepturen für derlei Tränke zur Nachahmung empfehle, möchte ich einiges über diese magischen Liebestränke erzählen, da viele der magisch arbeitenden Frauen nicht so recht zu wissen scheinen, was genau es mit diesen Mixturen auf sich hat und worin der Unterschied besteht zwischen einem Philtrum und einem Aphrodisiakum.

Die Bezeichnung Philtrum kommt aus dem Griechischen (*Philtron*) und bedeutet soviel wie: Das Getränk, das Liebe wecken soll! Genaugenommen ist also das Philtrum kein Aphrodisiakum, sondern eine Droge, die nach Einnahme nicht nur auf die verführerische Ausstrahlung eines Menschen Einfluß nehmen soll, sondern gleichzeitig auch anregend auf die Empfindungen des Anwenders wirkt.

Jene Zauberkräfte, die man einem Philtrum nachsagt, beruhen lediglich auf der angeborenen Fähigkeit eines Menschen, unter bestimmten – meist von ihm selbst geschaffenen Rahmenbedingungen – feinstoffliche, also für den Menschen nicht sichtbare und nicht greifbare Partikel, auszusenden! Diese sind, je nach charakterlicher Veranlagung und angeborener Sensibilität eines Menschen, manchmal mehr und manchmal weniger intensiv mit jener Energie geladen, die bis heute noch nicht ausreichend erforscht ist – das ist jene, die für Sympathie und Antipathie zwischen den Menschen verantwortlich ist (die sogenannte „Chemie").

Ein Aphrodisiakum hingegen ist in aller Regel ausschließlich dazu gedacht, den – aus welchen Gründen auch immer – kaum ausgeprägten oder gar nicht mehr vorhandenen menschlichen Geschlechtstrieb zu „stimulieren".

Das Aphrodisiakum soll mitunter sogar imstande sein, die Zeugungsfähigkeit des Mannes zu erhöhen. In wieweit das der Wahrheit entspricht, vermag ich allerdings nicht zu beurteilen, doch ist mir durchaus bewußt, daß der menschliche Glaube wahre Wunder zu bewirken vermag!

Zusammenfassend läßt sich also sagen: Ein Philtrum ist dazu gedacht, die verführerische Energie des Anwenders zu steigern, oder der menschlichen Aura einen erotischen Touch zu vermitteln, ein Aphrodisiakum hingegen nimmt nach Einnahme einen gewissen Einfluß auf die körperliche Energie des Anwenders!

Zaubertränke sind – wie man aus der Geschichte weiß – fast bei allen Völkern bekannt, nur sind die Erzählungen, die sich darum ranken, leider nicht immer die angenehmen. Derlei oft allzu leichtfertig hergestellte und zusammengemixte Zaubertränke waren unter Umständen sogar dazu imstande, regelrechte Wahnzustände hervorzurufen, und Schlimmeres!

Im alten Rom soll Lucretius sich in einem solchen Zustand sogar das Leben genommen haben, und auch Lucullus hat – wenn die Geschichte darüber der Wahrheit entspricht, was ich persönlich nicht bezweifle – nach einem dieser fragwürdigen Genüsse einen qualvollen Tod gefunden!

Apuleius beschrieb in einem seiner Bücher die für unsere Ohren und Gaumen sicherlich nur schwer nachvollziehbaren Rezepturen, die aus folgenden Zutaten bestanden haben sollen: Taubenblut, Fischlaich, Vogelzungen, Pferde-Nachgeburt, oder aus den Fruchthäuten eines frischgeborenen Füllens, aus dem Genitalsekret von Stuten und aus Menstruationsblut.

Und nun möchte ich Ihnen auch noch einige andere raffinierte Rezepte zur Verfügung stellen, die Sie nicht in Großmutters Kochbuch finden, – denn Liebe geht – auch – durch den Magen!.

Der Liebestrank (nicht von Donizetti)

Nun, eine sinnliche Frau sollte wissen, wie man einen edlen Wein in ein wirkungsstarkes Aphrodisiakum verwandelt, und deshalb möchte ich Ihnen diese alten Rezepte nicht vorenthalten.

Schon die alten Römer – ich denke, es waren sehr wahrscheinlich wohl eher die Römerinnen – parfümierten ihre Weine, obwohl ein gutes Glas Wein schon an sich ein Aphrodisiakum ist. Aber auch die alten Chinesen, Griechen und Ägypter pflegten ihre Weine mit allerlei edlen Zugaben zu verfeinern – beispielsweise mit kleinen Ingwerstücken, mit Salbei oder mit Rosenblättern.

Und auch die Sachsen hatten seinerzeit so ihre Tricks und tranken ab dem Tag ihrer Hochzeit dreißig Tage lang einen schweren Honigwein, um damit ihre Manneskraft zu stärken.

Eigentlich schade, daß das Parfümieren von guten Weinen langsam aber sicher in Vergessenheit gerät, zumal diese Weine nicht nur auf verblüffende Weise wirken, sondern noch dazu ausgezeichnet schmecken!

Also: Überraschen Sie Ihren Liebsten mit solch einem echten Tröpfchen!

Im Reich der Sinne

Nehmen Sie eine Flasche guten Rosé Wein, fügen Sie einen Teelöffel flüssigen Honig hinzu, eine Stange Zimt und vier Tropfen *Marokkanische Rose*!

Den Wein in der Flasche wieder gut verschließen und ein bis zwei Tage stehen lassen. Ein Wein, der es in sich hat!

Honeymoon

Besorgen Sie hierfür eine Flasche süßen Tokajer, fügen Sie einen Tropfen Muskatnuß, einen Tropfen Koriander und zwei Tropfen Vanille hinzu und lassen Sie den Wein ungefähr sechs Stunden ziehen!

Romantische Träumereien

Nehmen Sie eine Flasche guten, alten Dessertwein und fügen Sie eine Stange Zimt, eine Gewürznelke und vier Tropfen Vanilleessenz dazu. Bewahren Sie die Flasche eine Woche lang kühl und dunkel auf und genießen Sie dann den Wein mit Ihrem Liebsten zu einer besonderen Gelegenheit!

Aphrodites Geheimnis

Wählen Sie hierfür eine Flasche schweren Rotwein von bester Qualität und fügen Sie folgende Essenzen hinzu:

3 Tropfen Zimt
2 Tropfen Orange
2 Tropfen Salbei
3 Tropfen Vanille

Lassen Sie den Wein drei bis vier Tage ziehen, bevor Sie ihn genießen!

Himmlisches Vergnügen

Hierfür eignet sich ein leichter Weißwein – aber bitte vom Feinsten –, dem Sie dann drei Tropfen Zimt, einen Tropfen Zitrone und zwei Tropfen Koriander zufügen.

Ein Wein, der die Sinne beflügelt!

☆☆☆

*Und noch ein paar erotische **Duftkompositionen***

Zum Beispiel für unterwegs, wenn Sie nicht auf Ihre hilfreichen Düfte verzichten möchten!

Immer dann, wenn Sie einer kleinen Aufmunterung bedürfen – oder wenn Sie sich gestreßt fühlen und keine Zeit für eine erholsame Pause haben – greifen Sie doch ganz einfach zu diesem kleinen Trick:

Das betörende Taschentuch

Geben Sie hierfür ein bis zwei Tropfen der entsprechenden Essenz direkt auf das Taschentuch (zur Not auch aus Papier). Bei Bedarf inhalieren!

Und hier ein die Sinne betörender Wohnraumduft:

Die duftende Schale

Nehmen Sie eine Schale Ihrer Wahl, füllen Sie diese mit heißem Wasser und fügen Sie fünf bis zehn Tropfen ätherisches Öl Ihrer Wahl hinzu. Vermeiden Sie allzu hohe Dosierungen, denn – weniger ist meistens mehr!

Vergessen Sie nicht, vorher Fenster und Türen zu schließen, damit der wunderbare Duft nicht zu schnell entweichen kann. Nach etwa zehn Minuten hat sich der angenehme Geruch bereits voll entfaltet!

Raumspray Magic Touch

Welche Essenz Sie hierfür verwenden möchten, richtet sich ganz nach Ihren Wünschen! Wenn Sie lediglich Ihrer Wohnung einen frischen „Touch“ verleihen möchten, greifen Sie natürlich zu anderen Essenzen, als wenn Sie beabsichtigen, sich mit Ihrem Partner ein paar vergnügliche Stunden zu gönnen!

Für den Raumbedufter benötigen Sie folgendes:
Drei bis fünf Tropfen Essenz auf einen ¼ Liter Wasser!

Falls Sie keinen Parfümzerstäuber besitzen, können Sie sich genauso gut einen Besprüher für Zimmerpflanzen kaufen, denn der leistet dieselben Dienste.

Füllen Sie ihn auf mit warmem Wasser und fügen Sie dann das ätherische Öl Ihrer Wahl hinzu. Schütteln Sie den Behälter kräftig durch und besprühen Sie dann den Raum, Ihre Polstermöbel, Teppiche, Betten, Vorhänge oder was auch immer damit. Aber Vorsicht: Manche Gegenstände reagieren äußerst empfindlich auf Wasser (Wasserflecken!), aber diese Gegenstände können Sie ja aussparen!

Der aromatische Luftbefeuchter

Zwei bis zehn Tropfen ätherisches Öl sind auch hierfür ausreichend!

Vielleicht sind Ihre Heizkörper ohnehin mit Luftbefeuchter ausgestattet, dann brauchen Sie das ätherische Öl lediglich in das Wasser zu geben. Sollte das nicht der Fall sein – kein Problem. Dann nehmen Sie einen Wattebausch, beträufeln diesen mit ätherischem Öl und legen ihn dann irgendwo auf einen der

Heizkörper. Auch bei dieser Methode wird es ungefähr zehn Minuten dauern, bis sich der Duft des Öls gleichmäßig im Raum verteilt hat.

Der Trick mit der Glühbirne

Auch hierfür sollten Sie nur ein bis zwei Tropfen ätherisches Öl verwenden!

Geben Sie das Öl bitte nur auf die Birne einer ausgeschalteten Stehlampe und achten Sie sorgfältig darauf, daß das Duftöl nicht in die Fassung der Birne gelangt. Danach können Sie das Licht unbedenklich einschalten.

Bitte niemals das Öl auf die heiße Glühbirne geben! Ätherische Öle sind leicht entzündbar!

Verwenden Sie hierfür eine Birne mit geringer Wattzahl. Vielleicht haben Sie im Schlafzimmer eine kleine Lampe, in die Sie eine rosafarbene Birne eindrehen, denn dieses sanfte Licht, gepaart mit einem erotischen Duft, wird eine zauberhafte Stimmung im Raum verbreiten und schmeichelt jedem Teint und jeder Figur.

Und der passende Duft wird sein Übriges tun ...

Scheherazades Wunderlampe

Eigentlich ist dies nichts anderes als die altbewährte Duftlampe, die speziell für ätherische Öle hergestellt ist und die es in allen denkbaren Farben, Formen und Materialien gibt und entweder mit einer Kerze ausgestattet ist oder mit Strom gespeist wird.

Duftlampen erwärmen das Öl auf sanfte Weise und sorgen dafür, daß sich die im Öl enthaltenen Duftmoleküle nach und nach im Raum verbreiten.

Zwei bis acht Tropfen sind ausreichend.

Die magische Duft-Kerze

Kerzen sind wohl die einfachste Art, den Raum zu beduften.

Verwenden Sie ein bis zwei Tropfen Öl!

Zuerst zünden Sie die Kerze an und warten so lange, bis das Wachs um den Docht herum zu schmelzen beginnt. Erst dann geben Sie das Öl in das geschmolzene Wachs, aber bitte achten Sie darauf, daß das Öl nicht an die Flamme des Dochtes gerät, denn ätherische Öle sind leicht brennbar! – und daher bitte nicht mehr als ein bis zwei Tropfen Öl verwenden!!

Essenzen und Wohlbefinden

Natürlich ist dies kein Buch nach dem Motto: „Schönheit mit Essenzen", – oder so ähnlich.

Andererseits trägt ein gepflegter Körper durchaus dazu bei, Ihren Partner bzw. Ihre Partnerin anzutörnen. Aber weil sich mit ätherischen Ölen auch ganz tolle Wohlfühl-Rezepte kreieren lassen, – hier ein paar Kostproben.

Öle – die Faltenkiller

Massieren Sie das Öl bei zunehmendem Mond mindestens eine Woche lang jeden Abend in das gründlich gereinigte Gesicht ein, denn ungesättigte Fettsäuren und die im Öl enthaltenen Vitamine lassen die Haut schon nach relativ kurzer Anwendungszeit jünger und frischer aussehen. Besonders eignen sich hierfür Aprikosenkernöl, Macadamiaöl, Mandelöl oder Haselnußöl, dem Sie keine ätherische Essenz zufügen müssen. Geben Sie das Öl auf das gereinigte Gesicht, lassen sie es ein bis zwei Stunden einwirken und nehmen Sie es dann mit warmem Wasser ohne zu reiben ab! Danach die Haut wie gewohnt behandeln.

Sexy-Fingernägel

Welche Frau kennt sie nicht, diese trockenen, brüchigen Nägel, die man nicht gerne herzeigt, schon gar nicht in gewissen Stunden, in denen man ganz besonders verführerisch wirken möchte. Doch dieses kleine Schönheitsproblem läßt sich relativ einfach beseitigen. Entfernen Sie Ihren Nagellack, falls Sie welchen tragen, und baden Sie dann Ihre Hände ungefähr zehn Minuten in erwärmtem Olivenöl. Dann bitte für ein bis zwei Wochen auf Nagellack verzichten und jeden Abend vor dem Schlafengehen Orangen- oder Mandelöl pur auf die Nägel und Nagelhaut einmassieren.

Das Ergebnis kann sich sehen lassen!

Mega-Glanz für stumpfe Haare

Glauben Sie, für Ihren Liebsten nicht sexy genug zu sein, nur weil Ihr Haar seit einiger Zeit seinen Glanz verloren hat? Keine Sorge, auch hier kann Abhilfe geschafft werden, denn auch für dieses kleine Problem ist Öl ein regelrechter Schönmacher!

Ich rate Ihnen zu Erdnußöl oder Rosmarinöl, das Sie vor dem Haarewaschen gründlich in die Kopfhaut und ins Haar einmassieren und eine Stunde lang einwirken lassen, wobei Sie die Haare möglichst „warm" halten sollten – also mit Folie und mindestens einem Handtuch abdecken! Auf diese Weise können die im

Öl enthaltenen Wirkstoffe besser einziehen. Das Ergebnis wird Sie erstaunen. Danach die Haare mit warmem Wasser gründlich waschen und wie gewohnt behandeln!

Welch ein Glück, daß eines der ältesten Schönheitsmittel der Welt wieder sein Comeback feiert!

Das Anti-Morgenmuffel-Duschbad

Fügen Sie Ihrem Duschgel drei Tropfen Limette, drei Tropfen Minze und drei Tropfen Myrrhe-Öl zu und vergessen Sie nicht, die Flasche mit der Mischung gut durchzuschütteln. Nach dieser Dusche werden Sie fit sein – auch für einen anstrengenden Tag. Wenn Sie wollen, können Sie sich natürlich anschließend auch noch mit einem Öl einreiben, dem Sie ebenfalls diese Essenzen beigemischt haben. Bereits nach einer Woche Anwendung werden Sie sich auf das morgendliche Aufstehen freuen!

Das duftende Fußbad

Hier ein Rezept für rissige Füße, denn nur gepflegte Füße sind wirklich schön! Und sexy!

Nehmen Sie eine Schüssel, in der Ihre Füße bequem Platz haben, und gießen Sie ausreichend heißes Wasser ein. Dann mischen Sie zehn Tropfen Ihres Öls in 1/8 Liter Sahne und fügen es dem Wasser bei. Baden Sie Ihre Füße fünfzehn bis zwanzig Minuten darin. Danach massieren Sie Ihre Füße noch gründlich mit einer Öl-Mischung Ihrer Wahl. Sie werden sehen – bei regelmäßiger Anwendung, (mindestens zweimal pro Woche!) wird die Haut Ihrer Füße wieder wunderbar weich.

☆☆☆☆☆

Die sinnlich-erotische Duftpalette

Die Palette der Duftöle ist riesig, und sicherlich werden Sie manches Mal „den Wald vor lauter Bäumen nicht sehen".

Hier nun die wichtigsten Essenzen und ihre sinnlich-erotische Wirkung.

Der Einfachheithalber habe ich die Öle in alphabetischer Reihenfolge aufgeführt, damit Sie schneller finden können, was Sie benötigen!

Angelika

Ist ein Stimmungsaufheller – ein noch beliebter dazu!

Dieses Öl hilft Ihnen selbst dann, wenn Sie glauben, es ginge gar nichts mehr!

Es trägt dazu bei, all die Dinge die Ihnen das Leben momentan erschweren, aus einer völlig neuen Perspektive zu betrachten. Angelika wird ebenfalls helfen, Ihre momentane Passivität in Aktivität zu verwandeln!

Benzoe

Fühlen Sie sich müde, ausgelaugt und lustlos?

Dann ist dieses energiespendende Öl genau das Richtige für Sie. Außerdem vermittelt Ihnen Benzoe ein Gefühl von angenehmer Wärme.

Benzoe wirkt aber auch erotisierend und weckt mitunter auch sexuelle Gefühle.

Bergamotte

Sie fühlen sich momentan einsam und total niedergeschlagen?

Dann wirkt Bergamotte belebend und wird Ihnen schon deshalb eine große Stütze sein!

Wenn es also darum geht, Sie aus einer tiefen Depression herauszulocken, greifen Sie zu Bergamotte. Gleichzeitig wirkt es belebend auf Ihr Sexualleben!

Fenchel

Das Gutelaune-Öl, wie man es nennen könnte, das mancher Frau das Gefühl vermittelt, soeben ein intensives Training im Fitneßstudio absolviert zu haben. Frau fühlt sich fit und gleichzeitig völlig entspannt. Doch damit nicht genug! Es vermittelt zusätzlich noch das motivierende Gefühl von Stärke und Persönlichkeit.

Geranium

Das „Anti-Streß-Öl" trägt sicherlich einen großen Teil dazu bei, die Stimmung einer gestreßten Frau aufzuhellen und ihre liebenswürdige Seite wieder zum Klingen bringt. Außerdem wirkt dieses Öl ausgleichend in aggressiven wie auch passiven Stimmungen. Ein Öl, das Harmonie und heitere Laune schenkt – auch zwischen den Geschlechtern – und Unzufriedenheit auf angenehme Weise zum Verschwinden bringt.

Geranie

Weltweit gibt es zwischenzeitlich mehr als siebenhundert Sorten dieser farbenprächtigen Pflanzen, deren schöner Anblick – ebenfalls wie die aus ihr gewonnene Essenz – ein trauriges Herz wieder fröhlich stimmen kann. Aromatherapeuten verwenden am häufigsten die Bourbon-Geranie.

Grapefruit

Ein Öl, das Freude bereitet, denn es zählt zu den geheimen „Waffen“ gegen Trübsal und Kummerfalten, stimmt selbst den Traurigsten wieder fröhlich und wirkt wie der erste Sonnenstrahl am Morgen, der sogar einen Morgenmuffel in ein Gefühl von Euphorie versetzt. Ein Öl für Menschen, die Optimismus und Lebensfreude wieder in ihr Leben bringen möchten.

Hyazinthen

Sind Sie auf der Suche nach dem Sinn des Lebens und nach Glück und Zufriedenheit? Dann versuchen Sie es einmal mit Hyazinthe!

Dieses Öl erinnert an einen ausgedehnten Spaziergang am frühen Morgen auf einer süß duftenden Sommerwiese. Es öffnet auch die Herzen jener Menschen, die sich so gerne in sich selbst verkriechen. Hyazinthe macht Mut und berauscht gleichzeitig ein wenig die Sinne. Auch bestens eignet es sich für jene Menschen, die eine Reise in die tiefsten Winkel ihrer Seele antreten möchten, um zu erkennen, was ihnen zum Glücklichsein wirklich fehlt.

Jasmin

Lust auf Liebe und Sinnlichkeit?

Dann greifen Sie zu Jasmin, denn dieser Duft weckt in Frauen und Männern gleichermaßen die angenehme Vorstellung, dem Idealpartner begegnet zu sein. Dieses Öl gehört zu den sanften Verführern und hilft Ihnen dabei, selbst die düsterste Laune binnen kürzester Zeit in Lust und Liebe zu verwandeln. Dieses powervolle Öl fegt auch Ihre geheimen Ängste beiseite und beruhigt auf äußerst entspannende Weise selbst aufgewühlte Gemüter. Ein Öl, das nicht nur viel verspricht, sondern es auch hält.

Jonquille

Sie wissen nicht genau, wonach Ihnen gerade der Sinn steht?

Kein Problem – denn Jonquille ist eine Art Detektiv unter den sinnlichen Düften! Weshalb?

Nun, es fördert Ihre geheimsten Wünsche zutage und macht Ihnen auf sehr direkte Weise deutlich bewußt, was Sie wirklich wollen!

Jonquille läßt allerdings keinen Platz für Halbherzigkeiten und Ausreden. Jonquille ändert auf angenehme Weise „so einiges“ in Ihrem Bewußtsein und ist sogar imstande, selbst lang gepflegte Frustrationen aufzulösen und Gefühle der Minderwertigkeit zu vertreiben!

Kamille (Römische)

Kamille vermag Ängste zu vertreiben!

Es ist ein Öl, das in manchen Zeiten nicht mit Gold aufzuwiegen ist, denn es vertreibt nicht nur Ärger aus der Seele, sondern läßt selbst größte Nervosität binnen kürzester Zeit verschwinden. Das Öl der Kamille verhilft zu emotionaler Stabilität und gibt das angenehme Gefühl, durch nichts auf der Welt aus der Ruhe gebracht werden zu können. Eines der Öle, das die vielgesichtigen Gespenster negativer Phasen vertreiben kann.

Die Kamille wurde einst von den Priestern des alten Ägyptens der Sonne geweiht, was unschwer erkennen läßt, welchen hohen Wert diese kleine, bescheiden wirkende Pflanze einst besaß.

Koriander

Sie leiden unter mangelndem Selbstwertgefühl und haben noch dazu Angst, im Leben zu versagen?

Dann greifen Sie doch mal zu Koriander, diesem warm-würzigen Öl, das Sie zu positivem Denken stimulieren wird!

Koriander baut auf, treibt an – ohne dabei zu stressen, und wirkt motivierend auf sensible Naturen, die sich so gar nichts zutrauen!

Lavendel

Sie fühlen sich schon seit längerem psychisch total am Ende? Dann ist Lavendel genau das Richtige für Sie, denn es ist imstande, die lädierte Psyche wieder zu stabilisieren, weil es selbst über stabilisierende Energie verfügt. Aber – es wirkt obendrein noch auf sehr angenehme Weise beruhigend und hilft der aus dem Gleichgewicht geratenen Frau (aber auch dem Mann!), die mitunter lähmende Unentschlossenheit zu beseitigen. Ein Öl, das sich in der heutigen Zeit wieder größter Beliebtheit erfreut.

Bereits die alten Römer bevorzugten Lavendel als Badezusatz. Die blütentragende Pflanze wächst gerne in großer Höhe und ist heute beinahe überall heimisch. Eine Zeit lang war der Duft der schönen, leuchtend blauen (es gibt auch helle Exemplare) Lavendelblüte leider etwas in Vergessenheit geraten, doch heute scheint er wieder genau so beliebt zu sein wie zu Großmutters Zeiten.

Limette

Sie haben es satt, immer nur am Rande des Geschehens zu stehen?

Dann ist Limette genau das Richtige für Sie, denn dieser Duft kennt keine Zurückhaltung! Er provoziert den Anwender, bringt seine laute und egoistische Seite ans Tageslicht – was für sehr schüchterne und zurückhaltende Gemüter durchaus sinnvoll sein kann. Erwarten Sie von diesem Öl keine sensiblen Eigenschaften, und schon gar nicht Einfühlungsvermögen oder Bescheidenheit. Limette ist für jene Frauen gedacht, die im Leben immer irgendwie zu kurz kommen, auch in der Liebe, weil sie sich nie so recht getrauen zu sagen, was sie wollen!

Majoran

Fühlen Sie sich sexuell frustriert oder irgendwie „daneben“?

Dann ist wohl Majoran das Richtige für Sie, denn es hilft Ihnen dabei, Ihre aus dem Lot geratene sexuelle Energie wieder ins Gleichgewicht zu bringen, und kann Ihnen sogar die Angst vor der Liebe nehmen – falls Sie darunter leiden. Majoran ist imstande, Gefühlskälte zu vertreiben, und – so unwahrscheinlich das auch klingen mag – er vermag sogar gebrochene Herzen trösten. Majoran für alle Fälle, könnte man sagen!

Mandarine

Man wirft Ihnen vor, Sie seien nicht sensibel genug für Ihre Umwelt und könnten sich nicht in andere Menschen hineinversetzen?

Dann greifen Sie doch mal probehalber zu Mandarine!

Man sagt, wer sich für den jugendlich-frischen Duft der Mandarine entscheidet, fühlt sich schon bald inspiriert und frisch gestärkt, ohne eigentlich zu wissen, daß er diese neue Energie dem Öl der Mandarine zu verdanken hat. Und – Mandarine wirkt mit subtiler Kraft und macht Sie auch mitfühlend für die kleinen und großen Probleme Ihrer Mitmenschen. Na also!

Muskatnuß

Sie träumen davon, für Ihren Partner unwiderstehlich zu sein und wollen ihn wieder einmal nach allen

Regeln der Kunst verführen? Kein Problem! Und sollte es doch eines sein, dann probieren Sie es doch mal mit Muskatnuß! Denn wer liebt ihn nicht, diesen sanften, warmen unwiderstehlich zärtlichen Duft dieses Öls!

Mit Muskatnuß verführen Sie Ihren Partner garantiert, und nicht nur für eine Nacht!

Andererseits wirkt das Öl der Muskatnuß auch besänftigend auf aggressive und von Natur aus cholerische Gemüter und kann sogar undefinierbare Ängste nehmen!

Muskatellersalbei

Sie sehnen sich nach Leidenschaft?

Dann sollten Sie es einmal mit diesem Öl versuchen!

Mukatellersalbei weckt unleugbar die erotischen Sinne der Frau, denn der unverkennbare fein herbe Duft erinnert an die Leidenschaftlichkeit eines Mannes. Aber dieses ätherische Öl verfügt noch über andere Qualitäten, denn es besitzt Tiefgang und wird selbst heftige Depressionen und außergewöhnlichen Streß vertreiben, falls es dann noch nötig ist!

Neroli

Sie freuen sich darüber, eine Frau zu sein – eine liebende noch dazu?

Dann wird Ihnen dieses Öl sicherlich gefallen, denn es ist ein äußerst angenehm duftendes Öl, wie geschaffen für die besonders feminin wirkende Geliebte. Neroli wirkt zudem äußerst entspannend bei Emotionen, die außer Kontrolle geraten sind, gleichzeitig aber auch stimulierend, weil es das Selbstbewußtsein stärkt und die Sinne einer liebenden Frau sensibilisiert.

Schon im 16. Jahrhundert setzte man Neroli zum Parfümieren diverser Kleidungsstücke ein, und es wird auch heute noch gerne zur Parfümherstellung verwendet. Neroli wird aus den Blütenblättern des Bitterorangenbaumes gewonnen.

Patschuli

Das Öl für schlaflose Nächte! Vorausgesetzt natürlich, Sie möchten nicht an Schlaf denken, denn dieses erdig anmutendes Öl, das mit seiner kräftig würzigen Note die Nerven stimuliert, wird nicht nur die erregten Sinne wachhalten, sondern auch den Anwender Schlaf vergessen lassen! Einer der geheimen Verführer aus dem Reich der Düfte und schon seit jeher bekannt für seine erotisierende Wirkung auf Männer und Frauen zugleich!

Diese kleine Pflanze, die auf Malaysia und in Indien gedeiht und aus der das wohlriechende Öl gewonnen wird, wurde dort über Jahrhunderte hinweg zum Parfümieren von Kleidern und Stoffen verwendet und erst im 19. Jahrhundert nach Europa eingeführt.

Petitgrain

Sie sind zum Zerspringen gereizt und fühlen sich psychisch nicht ganz auf dem Damm? Da könnte Petitgrain genau das Richtige für Sie sein – denn es ist so eine Art Notfall-Öl, da es stabilisierend auf die Psyche wirkt, besonders dann, wenn Sie gerade unter Liebeskummer leiden sollten. Dieses fein duftende Öl richtet Ihr zerstörtes Selbstbewußtsein wieder auf, verhilft Ihnen zu neuer Kraft und vertreibt die negative Energie, die Ihr Zorn freigesetzt hat.

Piment

Sie möchten der Liebe wieder einmal so richtig freien Lauf lassen, trauen sich aber nicht, weil Sie sich gehemmt und verklemmt fühlen? (Oder Ihr Partner!)

Hier kann Abhilfe geschaffen werden denn –

Piment enthemmt!

Ein wahrlich leidenschaftlicher Duft, voll von feuriger Energie. Piment schafft Temperament und gute Laune und läßt selbst introvertierte Gemüter zu neuem Leben erwachen! Ein echtes Liebesöl mit verblüffender Wirkung!

Rose (bulgarische)

Sie sehnen sich schon lange nach etwas mehr Romantik und zärtlichen Gefühlen?

Dann dürfte Rose genau das Richtige für Sie und Ihre Bedürfnisse sein, denn zärtlicher geht es nicht!

Rose streichelt Ihre Sinne und wirkt wie ein Hauch von Seide auf der Haut und in der Nase. Doch damit nicht genug! Rosenöl erfreut auch Ihr Herz und stimmt

Sie ein auf romantische Gefühle, die sie hoffentlich mit einem liebevollen Partner ausleben können, der solche Gefühle zu schätzen weiß!

Rose (marokkanische)

Kein Duft für schüchterne Mädchen, sondern eher für die reife, leidenschaftliche Frau, die genau weiß, was sie will und – es auch (fast) immer bekommt!

Marokkanische Rose ist die *Femme fatale* unter den ätherischen Ölen!

Dieser sinnlich-schwere Duft umhüllt Ihren Körper mit einem betörenden Hauch voll animalischer Sinnlichkeit und läßt Sie geheimnisvoll und verführerisch zugleich wirken. Marokkanische Rose weckt nicht nur Ihre geheimen Wünsche in puncto Sex und Liebe!

Im übrigen: Wußten Sie eigentlich, daß man bereits in der Grabkammer von Tutanchamun gebündelte Rosensträuße gefunden hat? Und welcher Dichter längst vergangener Zeiten ließ sich nicht vom lieblichen Anblick der Rose und ihrem betörenden Duft zu einem neuen Werk inspirieren? Die Rose zählt unumstritten zu den beliebtesten Blumen der Welt, und natürlich soll auch an dieser Stelle ein Lob auf ihre Heilkraft ausgesprochen werden.

Rosmarin

Sie fühlen sich seit einiger Zeit, als hätten Sie das sprichwörtliche Brett-vor-dem-Kopf?

Dann könnte Rosmarin für Sie das geeignete Öl sein!

Dieser wenig dezente Duft dieses herrlichen Strauches stimuliert aber nicht nur Ihre momentan kaum vorhandene Kreativität, sondern macht Sie auch sensibel und Ihr Herz weich und mitfühlend für die Probleme anderer.

Rosmarin ist das Öl, das Ihnen hilft, gedankliche Blockaden zu durchbrechen und Ihren Geist zu beflügeln! – das Anti-Brett-Öl.

Bei den Römern und Griechen galt der Rosmarinstrauch einst als heilige Pflanze! Man glaubte, daß diese Pflanze auch magische Kräfte in sich berge. Außerdem benutzte man Rosmarin auch gerne zum Ausräuchern von Krankenzimmern, besonders im Mittelalter. Hierzu verbrannte man ganze Zweige direkt in den Räumen der Kranken.

Im deutschen Volksglauben ist dieser Strauch aus dem Mittelmeerraum Sinnbild für Liebe, Treue und den Tod!

Tonkabohnen

Sie sind sich der Liebe Ihres Partners nicht sicher?

Nun, vielleicht haben Sie den falschen Partner gewählt. Aber vielleicht ist Ihr Gefühl auch völlig unbegründet und Ihnen fehlt momentan nur der unwiderstehlichen Duft dieses exquisiten Öls!

Sein unverkennbarer Duft vermag Gefühle zwischen zwei Liebenden zu festigen und schafft ein tiefes Empfinden von Vertrauen. Tonkabohnenöl ist also einen Versuch wert.

Veilchen

Sie haben Schwierigkeiten abzuschalten, weil Ihre Gedanken sich immer wieder im Kreise zu drehen beginnen? Sie sind nicht in der Lage zu meditieren? Nun – es gibt doch Veilchen! – ein Öl mit alter Tradition, könnte man sagen, denn schon unsere Ur-Ur Großmütter liebten den sanften, melancholischen Duft dieser bezaubernd schönen Frühlingsblüte, die es in allen Schattierungen der Farbe Lila gibt.

Veilchenduft wirkt wie der sanfte Flügelschlag eines bunten Schmetterlings und stimmt auch Sie sensibel für die Welt der Geister und Wesen anderer Dimensionen. Ein Öl, das geeignet ist für die regelmäßig durchgeführte Tiefenmeditation, für die Trance – und nicht zu vergessen – für Träume der ganz besonderen Art!

Verbene

Fühlen Sie sich seelisch absolut im tiefsten Keller, körperlich ausgepowert und geistig total erschöpft?

Dann leistet Verbene auch für Sie beste Dienste! Der Duft dieses Öles reißt Sie aus dem unliebsamen Zustand namens Depression und wird Sie mit seinem zarten, angenehmen Duft überraschen, der im Widerspruch zu stehen scheint mit der unbeschreiblich kraftvollen Energie, die dieses Öl vermittelt. Regelmäßig angewendet, lockt dieser sanfte Duft das Glück in Ihr Heim. Probieren Sie es aus!

Ylang-Ylang

Sie fühlen sich seit einiger Zeit unattraktiv, kaum liebenswert, und leiden mitunter sogar unter intensiven Gefühlen von Frust und Eifersucht? Das muß nicht sein!

Der exotische Duft von Ylang-Ylang wird Ihnen dabei helfen, und schneller als gedacht haben Sie diese unschönen Emotionen aus Ihrem Leben verscheucht.

Allerdings – in trauter Zweisamkeit vermag dieses Öl auch noch ganz andere Dinge! Ylang-Ylang ist ein Stimmungsmacher und wird auch die Sinne der Liebenden zu stimulieren wissen.

Das ätherische Blütenöl stammt vom Ylang-Ylang-Baum auf den Komoren und Madagaskar und wird als Rohstoff für die Feinparfümerie verwendet!

Zypressen

Sie können nicht NEIN sagen? Das sollten Sie schleunigst lernen, damit es Ihnen wirklich gut geht! Sie glauben, das nicht zu schaffen? Doch! Sie werden es, denn der etwas eigenwillig anmutende Duft der Zypresse wird Ihnen dabei helfen, diesen vielleicht nicht leichten Weg zu gehen!

Der Duft der Zypresse wirkt irgendwie würdevoll und vielleicht sogar ein wenig rätselhaft!

Dieses Öl wird Sie auch tatkräftig unterstützen, falls es Ihnen große Schwierigkeiten bereitet, anderen Menschen offen Ihre Meinung zu sagen und Ihren Standpunkt zu vertreten. Die Schwingung von Zypresse macht stark und wird Sie Ihren Platz im Leben finden lassen.

Das Öl der Zypresse war schon bei den Assyrern ein sehr beliebter Aromastoff, die schon damals die heilende Wirkung des Baumes kannten. Die Essenz wird aus den Blättern und den jungen, zarten Trieben dieses immergrünen und im südeuropäischen Raum beheimateten Baumes gewonnen!

Düfte der besonderen Art

Die nun folgenden Öle sind etwas weniger feminin, aber deshalb noch lange nicht „typisch unweiblich"! Sie sollten diese wunderbaren Düfte also nicht nur für Ihren Partner verwenden, sondern auch für sich selbst, sofern Sie glauben, eine Mischung aus diesen Ölen sei für Sie gerade das Richtige!

Verwenden Sie diese Öle, so oft Ihnen und Ihrem Liebsten der Sinn nach Aufmunterung steht, und gewähren Sie Ihrer Phantasie beim Mischen dieser Öle freien Lauf!

Diese Auswahl an ausgesprochen sinnlich anregenden Düften wird Ihnen sicherlich viel Freude bereiten und die eine oder andere angenehme Überraschung bereithalten! Hier nun eine kleine Auswahl an äußerst erotisierenden Düften:

Ambrette

Dieser Duft, der auf äußerst angenehme Weise geradezu animalisch wirkt – auf beide Geschlechter! – ist stark stimulierend und weckt das Verlangen des Partners!

Doch Ambrette stimmt auch sanft und zärtlich und weckt Verständnis für die Andersartigkeit des Partners, der einem noch nicht so vertraut ist.

Anis (Grüner Anis)

Immer dann, wenn Ihr Partner sich besonders schlapp und müde fühlt, könnten Sie einen Versuch mit Anis wagen! Anis ist ein sehr belebender Duft, der sehr schnell geistig stimuliert und auch dabei helfen kann, eine klare und positive Haltung im Leben einzunehmen. Das Öl, das müde Männer munter macht! (Aber auch Frauen!)

Basilikum

Dieses Öl eignet sich hervorragend für all die Menschen, die sich abgeschlafft und übernervös fühlen!

Basilikum hilft auch gegen Konzentrationsstörungen, aber es schärft auch die Sinne, beruhigt aufgebrachte Gefühle und hilft etwas ängstlichen und schüchternen Menschen, offen und frei von Hemmungen auf andere zuzugehen!

Der Name stammt aus dem Griechischen und bedeutet so viel wie „königliches Heilmittel“. Die Inder betrachteten Basilikum als eine heilige und Gesundheit bringende Pflanze, die in Asien ihre Heimat gefunden hat.

Eukalyptus

Möchten Sie auf die Schnelle einen wohlriechenden Duft in Ihrer Wohnung verbreiten, der gleichzeitig anregend auf die Sinne wirkt? In diesem Fall können Sie getrost auf Eukalyptus zurückgreifen. Er soll sogar negative Energien, die sich im Wohnbereich angesammelt haben, neutralisieren.

Es gibt auf der Erde ca. dreihundert Arten des Eukalyptus-Baums, der an der Westküste Amerikas, in Australien und in Südeuropa beheimatet ist. Es herrscht die Legende, der Eukalyptus-Baum würde die magische Kraft besitzen, sein unmittelbares Umfeld zu entgiften. Schon deshalb suchten viele Kranke die Nähe zu diesem magischen Baum.

Ingwer

Kalte Hände und Füße sind nicht unbedingt erotisch – eher „Liebestöter"! (können aber auch als zarter Annäherungsversuch dienen!). Und deshalb sollten Sie dieses Problem möglichst schnell beseitigen, wenn Sie darunter leiden. Wenn Sie oder Ihr Partner also permanent unter kalten Händen und Füßen leiden, ist Ingwer genau das Richtige für sie!

Dieses Öl wärmt den Körper auf angenehme Weise, regt aber auch an und sorgt dafür, daß Sie sich wieder wohl und zufrieden fühlen. Der Duft von Ingwer wirkt, zugegebenermaßen, wenig sinnlich, dafür aber warm und einladend.

Kardamom

Gehört sicherlich zu den etwas „maskulin" duftenden Ölen, aber seine verblüffende Wirkung wird bestimmt auch einer Frau gefallen!

Kardamom verfügt über einen prägnanten, würzigen Duft, der den Verstand anregt und ein Ungleichgewicht der Seele zu beseitigen weiß. Kardamom ist speziell ein Duft für intime Stunden, denn das Öl, das stark auf die Sinne wirkt, stimuliert das sexuelle Verlangen.

Kiefer

Eigentlich kein Duft für zärtliche Stunden zu zweit, denn Kiefernöl wirkt weder stimulierend noch erotisch! Aber – es verbreitet einen friedvollen Duft, der einem stressgeplagten Menschen durchaus innere Ruhe und klare Erkenntnisse schenkt. Kiefer vertreibt sogar intensive Winterdepressionen und schenkt Ihnen powervolle Energie. Vielleicht erinnert dieser besondere Duft auch an einen Spaziergang durch einen sonnendurchfluteten Wald.

Bekannt war die Wirkung der Kiefer schon bei meinen Vorfahren väterlicherseits, den nordamerikanischen Indianern. Sie wußten um die vorbeugende Wirkung der Kiefernnadeln, zum Beispiel bei Skorbut. Sie nutzten ebenso die Kräfte der Rinde und den Samen der Früchte, die Terpentin enthalten.

Kümmel

Möchten Sie das Blut Ihres Partners so richtig in Wallung bringen, und Ihres natürlich auch?

Dann ist Kümmel goldrichtig!

Dieses meist wenig beachtete Öl wirkt beinahe beschwörend auf die menschlichen Sinne und versetzt Sie bei Bedarf in eine hocherotische Stimmung.

Der erotische Duft von Kümmel regt den Fluß der Körpersäfte an und vermittelt so das unbeschreibliche Gefühl intensiver Nähe.

Lorbeer

Sie wünschen sich von Ihrem Partner mal wieder etwas mehr Eroberungsgeist?

Vielleicht hilft Ihnen Lorbeer weiter!

Nicht umsonst reichte man einst den großen Helden längst vergangener Zeiten einen Kranz aus Lorbeerblättern.

Deshalb ist Lorbeer auch nichts für übersensible, unterwürfige Naturen, denn es fördert spontane Entscheidungskraft und drängt nach Eroberung.

Dieser Baum ist auf dem amerikanischen Kontinent zu Hause, gedeiht aber auch in Europa. Seine Blätter, schon seit vielen Jahrhunderten in der Küche heiß begehrt, sind vielfältig einsetzbar, auch in der Kosmetikindustrie.

Melisse

Ihnen steht der Sinn nach Verführung?

Nur zu! Und falls Sie ein wenig Unterstützung brauchen, dann ist dieses Öl sehr wahrscheinlich das Richtige für Sie.

Das Öl der Melisse macht lebhaft und läßt Sie auch unangenehme Situationen mit unvergleichlicher Gelassenheit meistern. Aber es gibt da noch eine andere Saite, die dieses Öl zum Klingen bringt – die bereits erwähnte, erotische Komponente! Es läßt Sie aufreizend wirken und bringt selbst den müdesten Partner wieder in Schwung.

Mimose

Sie suchen das offene Gespräch mit Ihrem Partner und wünschen seine ungeteilte Aufmerksamkeit?

Dann greifen Sie zum Öl der Mimose! Mit seinem kraftvollen und dennoch zart sinnlichen Duft, der an einen Spaziergang über eine Frühlingswiese erinnert, werden Sie die Aufmerksamkeit Ihres Partners gewinnen. Der Duft dieser Blüte läßt Sie garantiert einen Weg finden für ein offenes und produktives Gespräch. Gleichzeitig hilft Mimose aber auch, das allgemeine Wohlbefinden zu steigern.

Muskatblüte

Lust auf ein kleines Experiment?

Der warm-schwüle Duft der Muskatblüte kann mitunter die Sinne eines Menschen im wahrsten Sinne des Wortes vernebeln!

Es weckt den Wunsch nach leidenschaftlicher Liebe und wilder Sinnlichkeit und wirkt dabei noch äußerst phantasieanregend. Überlegen Sie sich also vorher gut, mit wem oder bei wem Sie dieses Öl ausprobieren!

Myrrhe

Sie glauben, Ihr Herzenspartner sei viel zu schüchtern und zurückhaltend?

Nun, hier die kleine Geschichte des Öls:

Magische Frauen früherer Zeiten (und auch so manche kluge Frau der heutigen Zeit!) wußten um das wohlgehütete Geheimnis dieses beeindruckenden

Duftes, der an Moschus erinnert. Das Öl wirkt stark auf die menschlichen Triebe, besonders auf die des Mannes! Es macht den Partner hemmungslos leidenschaftlich, und auch schüchterne Naturen fühlen sich plötzlich gepackt vom Strudel wilder Gefühle.

Die Myrrhe war schon im alten Ägypten bekannt, und man verwendete sie unter anderem für rituelle Handlungen. Phun – wie diese Essenz hieß – stammte ursprünglich aus Arabien und Afrika und gedieh auch im Gebiet zwischen Euphrat und Tigris.

Narzisse

Keine Lust mehr auf Ihren Partner? Und Sie leiden unter Depressionen, fühlen sich aber auch hypernervös und auf sehr unangenehme Weise aufgewühlt?

Narzisse ist einen Versuch wert und wird Ihnen dabei helfen, diese Probleme schnell wieder in den Griff zu bekommen. Mit seinem leicht hypnotischen, aber dennoch erdenden Duft wird sich Ihr Gemütszustand schnell wieder beruhigen, und Sie werden spüren, daß Sie nun wieder Verlangen haben – nach den angenehmen Seiten des Lebens und – nicht zuletzt nach Ihrem Partner!

Nelke

Ihr Körper schmerzt und Ihre Muskeln sind verspannt? Und Ihrem Partner ergeht es ähnlich?

Dann sollten Sie sich und ihrem Liebsten eine entspannende Massage mit einem Öl aus der Nelke gönnen. Das Öl entkrampft selbst verspannteste Muskelpartien und beruhigt aufgewühlte Nerven.

Der immergrüne Nelkenbaum wächst auf den Westindischen Inseln und auf Madagaskar. Er wurde von den Inselbewohnern als Allheilmittel hoch geschätzt und war leider lange Zeit etwas in Vergessenheit geraten.

Orange

Sie und Ihr Partner fühlen sich aus dem Gleichgewicht geraten?

Dann könnte Orange für Sie die optimale Lösung sein!

Dieses aromatische Öl vergleiche ich gerne mit den ersten Sonnenstrahlen eines vielversprechenden Tages!

Orange wirkt temperamentvoll und belebend und nimmt dem Ängstlichen die Furcht vor dem Alltag mit all seinen Unstimmigkeiten und Problemen. Sie gewinnen eine positive Lebenseinstellung, und Ihre Emotionen sind schnell wieder im Gleichgewicht!

Palmarosa

Sie verspüren den Wunsch, zusammen mit Ihrem Partner zu meditieren, um neue Energie zu schöpfen? Versuchen Sie es mit Palmarosa!

Der Duft dieses Öles erinnert an den zarten Schmelz eines köstlichen Sorbets! Sein unbeschreiblich zart-süßer Duft regt zum Träumen an und hilft Ihnen dabei, Ihre Gedanken zu ordnen. Aber Sie können mit Palmarosa auch sehr gut meditieren, denn es schärft Ihre Sinne für die zarten Töne der Anderswelt!

Pfeffer (schwarzer)

Sie möchten Ihren Körper, Ihre Seele und auch Ihren Geist wieder einmal so richtig auf Touren bringen? Oder vielleicht Ihren Frust und Ihre nicht ausgelebten Ängste und Emotionen an die Oberfläche des Bewußtseins locken? Das erfordert schon ein wenig Mut!

Aber – schwarzer Pfeffer mit seinem powervollen, scharfen Geruch kann hierbei sehr gute Dienste leisten. Er fördert selbst gewaltsam unterdrückte Gefühle zu Tage und weckt Ihre verloren geglaubte Intuition, damit Sie auch ganz genau wissen, wie Sie mit den Überbleibseln aus längst vergangener Zeit umzugehen haben.

Pfefferminz

Sie suchen nach einem Öl, das Sie und Ihren Partner vor dem großen Finale entspannt?

Dann ist dieses Öl, (in kleinsten Mengen angewandt), genau das Richtige!

Dieses Öl stimmt fröhlich und macht gelassen, deshalb möchte ich es unbedingt erwähnen. Außerdem wirkt es entspannend, ohne zu ermüden. Ein Duft, den man auch sehr gut vorab verwenden kann, also bevor man sich einem seiner Lieblingsöle widmet.

Schon die alten Israeliten und Ägypter benutzten dieses intensiv duftende Öl aus dieser eher unscheinbar wirkenden Pflanze, die in Ländern mit mildem Klima regelrecht wuchert. Sie liebten die erfrischende und kühlende Wirkung der Minze.

Rosenholz

Sie fühlen sich von allen verlassen und verlieren sich in Gefühlen der Einsamkeit?

Dann wählen Sie Rosenholz!

Der warme, süße Duft von Rosenholz hilft all jenen Menschen, die unter diesen Gefühlen zu leiden haben und sich von Gott und der Welt verlassen fühlen. Rosenholz vermittelt Lässigkeit und macht fröhlich auf sehr sensible Art und Weise. Ein Duft, der auf den ersten Blick (Duft) nicht allzu viel verspricht, dafür aber um so mehr hält!

Salbei

Probleme mit den Wechseljahren?

Salbei kann ein wenig dazu beitragen, daß Sie sich wieder wohler fühlen!

Denn – wenn Ihre Menopause einhergeht mit unangenehmen Begleiterscheinungen, so sollten Sie es einmal mit dem Öl dieser Pflanze versuchen, vor allem dann, wenn Sie sich seelisch bedrückt fühlen und übernervös auf das Alltagsgeschehen reagieren. Dieses wohlduftende Öl hilft, die Funktionen der weiblichen Fortpflanzungsorgane auf sanfte Weise zu regulieren.

Es gibt mehr als fünfhundert! Salbeiarten auf der Welt. Man verwendete es bereits seit Urzeiten zum Kochen und ebenso zum Heilen diverser Krankheiten. Die Römer nannten es nicht umsonst das heilige Kraut. Im Gegensatz zum pfefferminzartig duftenden Muskatellersalbei besitzt das herkömmliche Kraut mehr heilende Substanzen.

Sandelholz

Sie sehen sich nach mehr Ruhe und innerer Harmonie, wissen aber nicht, wie Sie dem Streß des täglichen Lebens entfliehen können?

Vielleicht hilft Ihnen Sandelholz dabei, sich wieder im Einklang mit sich selbst und Ihrer Umwelt zu fühlen.

Sandelholz ist ein sehr gehaltvolles und recht maskulin wirkendes Öl, das Ihnen aber ganz gewiß dabei hilft, Ihren inneren Frieden wiederzufinden und auch die Harmonie in Ihrem Umfeld wiederherzustellen. Der Duft wirkt warm und beruhigend, aber auch auf undefinierbare Weise erotisierend.

Sandelholz ist nicht nur zur Reinigung „mentaler Schwingungen" geeignet, sondern sollte immer dann zum Einsatz gebracht werden, wenn man sich mit der Wahl eines Öles nicht so sicher ist!

In Indien wurde der Sandelholzbaum als heilig verehrt und im 5. Jahrhundert vor Christus erstmals in der ältesten religiösen Schrift erwähnt.

Thymian

Der Körper schmerzt vom vielen Arbeiten, und die Muskeln sind völlig verspannt?

Da hilft nur eines – eine ausgiebige Massage und ein wenig Zeit zum Relaxen!

Zugegebenermaßen, Thymian ist für verwöhnte Nasen ein wenig gewohnheitsbedürftig, aber wenn man bedenkt, wie schnell und intensiv dieser kleine Helfer wirkt, dann kann man den etwas eigenwilligen

Duft, den er auf der Haut hinterläßt, getrost in Kauf nehmen.

Thymian ist immer dann das richtige Hilfsmittel, wenn sich Ihre Muskeln total verspannt anfühlen und wenn Sie glauben, Sie müßten trotzdem fit sein für eine lange Nacht!

Diese vielbegehrte Pflanze war einst als Würzkraut bei den Griechen, Römern und Ägyptern bekannt und dort auch sehr beliebt. Seit dem 16. Jahrhundert wird das ätherische Thymianöl auch als Heilmittel erwähnt. Und heute erfreuen wir uns noch immer am herrlichen Geschmack dieses mediterranen Gewürzes!

Vanille

Sie wollen sich wieder einmal so richtig sinnlich fühlen und Ihren Partner nach allen Regeln der Kunst verführen?

Vanille ist die sanfte Verführerin, wenn man so will, und vielleicht sollten Sie dieses herrlich duftende Öl einmal ausprobieren und sich von seiner Wirkung überraschen lassen, die so ganz und gar nicht sanft und zurückhaltend wie der Vanilleduft ausfallen muß!

Der Duft dieses Öles wirkt aber auch wie eine liebevolle Umarmung und wird Sie sanft zu trösten wissen, wenn Sie sich, warum auch immer, unglücklich fühlen. Der angenehm saubere Duft der Vanille vermittelt ein Gefühl von Geborgenheit und Sichwohlfühlen. Aber dieses vielseitige Öl vermag, wie schon erwähnt, auch Ihre sexuelle Saite zum Klingen zu bringen, denn es weckt schlafende Sinnlichkeit und das Verlangen nach einem Partner, mit dem man diese Gefühle ausleben kann.

Vetiver (Bartgras)

Sie fühlen sich völlig aus dem Gleichgewicht gebracht, haben kein klares Ziel vor Augen und auch sonst keine Ahnung, wie es in Ihrem Leben weitergehen soll?

Vielleicht sollten Sie einmal nach Vetiver greifen! Das Öl der Ruhe, wie es gerne genannt wird.

Dieser sympathische Duft löst stärkste Verspannungen, nimmt Lebensangst und hilft Ihnen dabei, Ihre innere Mitte wiederzufinden. Schon bald werden Sie zurückgefunden haben zu einer vernünftigen und brauchbaren Lebensweise. Vetiver wirkt allerdings auch sexuell stimulierend und stärkt potenzschwache Männer!

Vetiver stammt vorwiegend aus Indien, Japan, Indonesien und Ceylon, wird aber auch in zahlreichen anderen Ländern der Welt gewonnen, und zwar aus den Wurzeln eines dort gedeihenden, wildwachsenden Grases. Sein erdiges Aroma wird sehr gerne zur Herstellung diverser Parfüms verwendet.

Wacholder

Ihre Nerven benötigen dringend Ruhe und gleichzeitig auch eine Stärkung?

Dann sollten Sie Wacholder ausprobieren, denn das interessant duftende Öl macht binnen kürzester

Zeit putzmunter und wird Sie spürbar stärken, wenn Sie sich nach einem anstrengenden Arbeitstag wieder einmal wie erschlagen fühlen. Wacholder wirkt zudem tonisierend für das strapazierte Nervensystem. Allerdings sollten Sie Wacholder über einen längeren Zeitraum anwenden!

Die Essenz ist seit Urzeiten bekannt und wird aus den Beeren des Strauches oder Baumes gewonnen, der in zahlreichen Ländern der Erde wächst. Wacholderessenz enthält Juniperin und Kampfer. Wacholder verströmt, wie ich meine, einen ausgesprochen angenehmen Duft.

Weihrauch (Olibanum)

Ein Öl, das Ruhe und Ausgeglichenheit in Ihr Leben bringen kann!

Der unverkennbare Duft dieses Öles schützt Sie nicht nur vor mentalen „Angriffen", falls Sie sich mit Hexerei und Magie beschäftigen, sondern es wird Sie auch vor allen Verlockungen bewahren, die ein menschliches Leben so mit sich bringt. Wenn Sie dieses Öl zur Meditation benutzen, wird es Ihren Geist erleuchten und Sie eintauchen lassen in die andere Dimension des Seins.

Weihrauch nimmt auch Streß und Ärger und befreit Sie von unangenehmen Stimmungen!

Diese Essenz wurde schon von unseren Ahnen für religiöse Feste verwendet und zählt wohl zu den ältesten Aromastoffen überhaupt. Man gewinnt Olibanum aus einem milchig wirkenden Serum, das sich unter der Rinde dieses kleinen Baumes befindet. Beheimatet ist der kleine, unscheinbare Baum in Südostarabien und in Nordostafrika.

Zedernholz

Sie sind oft grundlos wütend und gehen bei jeder passenden oder unpassenden Gelegenheit in die Luft? Oder sind durch geistige Arbeit überstrapaziert?

Zedernholz könnte Ihnen in diesem Falle ausgesprochen gut tun!

Vielleicht gefällt Ihnen der Duft nicht sonderlich, denn er wirkt auf den ersten Riecher doch recht eigenwillig und beinahe ein wenig aufdringlich. Aber Sie sollten es trotzdem einmal versuchen, denn dieses Öl wird dafür sorgen, daß sich Ihre körperlichen und geistigen Kräfte harmonisieren, wenn sie wieder einmal aus dem Lot geraten sind. Zedernholz entspannt den strapazierten Verstand, vermag aber auch Spannungen und angestaute Aggressionen freizusetzen!

Die Zeder ist beheimatet im Orient, in Amerika, in Südeuropa und im Libanon. Man nimmt an, daß das Öl der Zeder zu den ersten, aus Pflanzen gewonnenen Ölen zählt. Von den Ägyptern weiß man zu berichten, daß sie aus der Zeder ein Harz gewonnen haben, das man zum Mumifizieren verwendete.

Zimt

Sie möchten mit Ihrem Partner wieder einmal so richtig gemütlich kuscheln und ihm auf diese Weise nahe sein?

Dann greifen Sie zu Zimt!

Das können Sie natürlich auch dann tun, wenn Sie sich müde, erschöpft und völlig ausgelaugt fühlen.

Der wunderbare Duft von Zimt hilft Ihnen rasch wieder auf die Beine! Zimt macht munter und stimuliert den Geist, gleichzeitig beruhigt es überspannte Nerven und vermittelt ein Gefühl von Wohlbehagen und Zufriedenheit!

Zimtbäume wachsen auf Ceylon und auch in China und zählen wohl zu den ältesten aromatischen Pflanzen. Außerdem enthält Zimt den Wirkstoff Eugenol, ein stark wirkendes Antiseptikum.

Zitrone

Haben Sie in letzter Zeit Ihren Sinn für Humor verloren und fühlen Sie sich immer wieder unsicher bei Entscheidungen, die Sie zu treffen haben?

Dann ist der lebhafte, reine Duft der Zitrone genau das Richtige! Das Öl der Zitrone hilft Ihnen, sich ausreichend zu entspannen, während es Ihren Geist belebt und Ihre Sinne für die schönen Seiten des Lebens weckt. Es macht Sie ausgeglichen und sympathisch und läßt Sie wieder fröhlich und unbeschwert auf andere Menschen zugehen! Darüber wird sich auch Ihr Partner freuen!

Die Zitrone stammt ursprünglich aus Asien, wo man sie zu jener Zeit hauptsächlich zum Pafümieren von Kleidern und Wohnräumen benutzte. Doch der Saft dieser Frucht wird auch für die Schönheitspflege verwendet sowie für Reinigungsmittel aller Art.

Tip: Die Schalen der ausgepreßten Früchte eignen sich ganz hervorragend für Ihre weiße Kochwäsche. Geben Sie die Schalen von zwei Zitronen in die Waschmaschine und waschen Sie Ihre Wäsche dann wie gewohnt. Sie wird schön weiß und duftet herrlich frisch!

☆☆☆

Nun habe ich Ihnen eine ganze Reihe ätherischer Öle vorgestellt und Ihnen genau erklärt wofür – oder wogegen – man sie einsetzten kann.

Doch vergessen Sie hierbei bitte nicht, daß die Gefühle eines Menschen sehr individuell zu betrachten und durchaus vergleichbar sind mit der Farbpalette eines Regenbogens!

Daher werden Sie mitunter zu mehreren Ölen gleichzeitig greifen wollen, weil Ihre unterschiedlich gearteten Emotionen mit einem Öl alleine nicht abzudecken sind. Doch bedenken Sie dabei bitte immer, daß – auch hier – oft weniger mehr ist!

☆☆☆☆☆

Erotische Mischungen

Geben Sie die folgenden Mischungen in eine Duftlampe oder, falls Sie keine Duftlampe zur Hand haben, auf einen Wattebausch, den Sie anschließend auf die Heizung legen, damit die Öle durch die Wärme ihre Wirkung entfalten können!

Romantische Träumereien

Mischung Nr. 1

Römische Kamille	2 Tropfen
Jasmin	3 Tropfen
Marokkanische Rose	1 Tropfen
Vanille	1 Tropfen

Mischung Nr. 2

Sandelholz	3 Tropfen
Patschuli	2 Tropfen
Verbene	1 Tropfen
Jasmin	1 Tropfen

Mischung Nr. 3

Zimt	5 Tropfen
Bulgarische Rose	2 Tropfen
Ingwer	2 Tropfen

Mischung Nr. 4

Lavendel	4 Tropfen
Geranium	2 Tropfen
Muskatnuß	1 Tropfen

Mischung Nr. 5

Jasmin	3 Tropfen
Lemongras	1 Tropfen
Orange	2 Tropfen

Mischung Nr. 6

Marokkanische Rose	2 Tropfen
Patschuli	2 Tropfen
Limette	3 Tropfen

Mischungen für 1001 Nacht (ebenfalls für die Duftlampe!)

Mischung Nr. 1

Hyazinthe	2 Tropfen
Muskatellersalbei	3 Tropfen
Verbene	5Tropfen

Mischung Nr. 2

Ylang Ylang	4 Tropfen
Schwarzer Pfeffer	2 Tropfen
Jasmin	2 Tropfen

Mischung Nr. 3

Koriander	3 Tropfen
Marokkanische Rose	3 Tropfen
Zitrone	2 Tropfen

Mischung Nr. 4

Geranium	3 Tropfen
Muskateller-salbei	3 Tropfen
Sandelholz	2 Tropfen

Mischung Nr. 5

Kümmel	2 Tropfen
Koriander	4 Tropfen
Zitrone	2 Tropfen

Mischung Nr. 6

Ylang Ylang	3 Tropfen
Kümmel	2 Tropfen
Bulgarische Rose	2 Tropfen

☆☆☆

Mischungen für Unentschlossene

Mit diesen Mischungen beseitigen Sie sexuelle Blockaden, und falls Sie oder Ihr Partner zu den schüchternen Menschen gehören, werden diese Düfte dazu beitragen, Ihnen die Scheu vor dem anderen Geschlecht zu nehmen!

Mischung Nr. 1

Patschuli	3 Tropfen
Schwarzer Pfeffer	2 Tropfen
Ambrette	2 Tropfen

Mischung Nr. 2

Sandelholz	4 Tropfen
Kümmel	1 Tropfen
Zitrone	1 Tropfen
Geranium	1 Tropfen

Falls Sie diese Rezepturen nicht in der Duftlampe verwenden möchten, sondern lieber für ein Massageöl – kein Problem!

Aus allen diesen Mischungen können Sie nach Belieben und Bedarf auch Massageöle herstellen.

Nehmen Sie hierfür ca. 30 ml eines Trägeröls, zum Beispiel Aprikosenkernöl, Mandelöl usw., und fügen Sie die angegebene Menge der ätherischen Essenzen hinzu. Die Mischung gut schütteln und den Rest kühl und dunkel aufbewahren, am besten in einem gut verschließbarem Gefäß aus Glas.

Wohlfühl-Be-Handlungen für Sie und Ihn

Die liebevolle Herzmassage

Rosenöl, Veilchen, Moschus und Sandel sind jene Öle, die für das menschliche Wohlbefinden von großer Bedeutung sind! Sie wirken direkt auf das Herz und bringen den Menschen in eine sanfte Stimmung, vermögen sein Herz zu öffnen und machen noch dazu empfindsam für die feinen Schwingungen, die einer anderen Daseinsebene entstammen!

Wozu wir Menschen Essenzen wie diese benötigen?

Weil ich glaube, daß wir wieder lernen sollten, verschwenderischer mit unseren Gefühlen umzugehen, und es nicht schadet, wenn wir ganz bewußt Liebe senden und Liebe mit Freude und Leichtigkeit entgegennehmen!

Denn, ist es nicht so, daß wir durch die Hektik der heutigen Zeit oft regelrecht blind geworden sind gegenüber den sanften, leisen Tönen, zärtlichen Gesten und Gefühlen und den kaum wahrnehmbaren, subtilen Berührungen, die man uns schenkt?

Wenn Sie sich und Ihrem Partner also etwas besonders Gutes tun möchten, etwas, das Sie beide einander wieder auf unbeschreibliche Weise näherbringt, sollten Sie sich einmal zu einer überaus sanften Massage im Bereich des Herzens entschließen.

Dafür benötigen Sie nur wenige Tropfen einer der obigen Essenzen, die Sie natürlich wie gehabt mit einem Trägeröl vermischt haben, bevor Sie sie anwenden!

Geben Sie nun einige Tropfen davon in den Handteller, damit das Öl Ihre Körpertemperatur annehmen kann, und beginnen Sie dann Ihren Partner im Bereich des Herzens mit sanften, kreisenden Bewegungen Ihrer Finger zu massieren. Sie werden beide schon nach kurzer Zeit fühlen, wie angenehm diese kreisenden Bewegungen sind, und Sie werden auch erstaunt sein über die Reaktionen Ihres Herzens. So kann es durchaus geschehen, daß sich plötzlich Blokkaden lösen, die im Verlauf der Zeit durch aufgestaute oder nicht gelebte Gefühle – egal welcher Art – entstanden sind!

Vielleicht haben Sie, oder Ihr Partner, lange Zeit Gefühle der Zärtlichkeit und Liebe unterdrückt, aus welchen Gründen auch immer! Vielleicht ist es aber auch so, daß Sie und Ihr Partner zu jenen Menschen gehören, die von jeher große Schwierigkeiten damit haben, herzliche Gefühle oder auch Liebe und sexuelle Empfindungen zu zeigen.

Wenn Sie gerne nach den Rhythmen des Mondes arbeiten, sollten Sie für eine Herzmassage immer die Zeit zwischen Neumond und Vollmond nutzen. Und der Tag der Venus (der Freitag!) wäre dafür ein ganz besonders gut geeigneter Tag, der Ihnen helfen wird, seelisch bedingte Störungen im Bereich des Herzens zu beseitigen! Hiermit sind allerdings keine durch Krankheit bedingte Störungen gemeint, denn diese müssen Sie selbstverständlich durch einen Fachmann behandeln lassen!

Diese Massage können Sie so oft wiederholen, wie Sie es für gut und richtig empfinden, aber Sie sollten sich auf ca. fünf bis zehn Minuten Massagezeit beschränken, denn diese Zeit genügt vollauf, um sich wieder leicht und glücklich zu fühlen! Wenn Sie diese Massage das erste Mal durchführen oder bei sich durchführen lassen, kann es zu sehr unterschiedlichen Reaktionen kommen – je nachdem, was sich bei dem, der diese Massage erhält, über all die Jahre hinweg angestaut hat. So kann es durchaus passieren, daß dieser plötzlich in lautes Lachen ausbricht oder in heftiges Weinen! Beide Reaktionen sind gut, und man sollte diesen Ausbrüchen freien Lauf gewähren, denn nur so werden die Blockaden beseitigt! Ähnliche Reaktionen habe ich auch bei Reiki – Behandlungen beobachtet, oder auch, wenn ich bei einer Rückführung (Reinkarnationstherapie) den Betroffenen vorher durch die Einstiegshypnose ruhiggestellt habe. Also, haben Sie keine Sorge, wenn Sie oder Ihr Partner bei der ersten Herzmassage heftige Reaktionen in Form von Gefühlsausbrüchen zeigen. Diese sind vorübergehend und lediglich ein Zeichen dafür, daß Sie eine Zeit lang gegen Ihre Gefühle gelebt haben und nun bereit sind, sich zu öffnen und wieder Licht und Liebe in Ihr Herz zu lassen.

Massagepunkte zur Steigerung von Lust und Laune

Der Punkt gegen Erschöpfung, Lustlosigkeit und Impotenz!

Wählen Sie unter den Essenzen jene für sich und/oder Ihren Partner, die Ihnen für das vorhandene Problem geeignet erscheinen (ein bis drei Essenzen dürften sicherlich genügen!) Mischen Sie diese zu einem Massageöl! Massieren Sie sich oder Ihren Partner, oder lassen Sie sich von diesem massieren, falls das Problem bei Ihnen liegt – ein bis drei Fingerbreit direkt unter dem Nabel!

Führen Sie diese Massage abwechselnd mit sanften, kreisenden Bewegungen von Zeige- und Mittelfinger durch (nicht mit langen Fingernägeln, denn das wäre unter Umständen mehr schmerzhaft als angenehm!), und verstärken Sie dann wieder den Druck Ihrer Finger, aber nicht so, daß sich Ihre Finger regelrecht in die Haut bohren. Massieren Sie diese Zone drei bis fünf Minuten, wobei Sie natürlich nicht immer genau auf diesem Punkt arbeiten müssen. Sie dürfen die Massage ruhig auf den Bereich rund um den Nabel ausdehnen.

Wichtig hierbei ist: Mit entspannten Händen arbeiten! Lockern Sie Ihre Hände und Finger, damit die Energie bei der Massage frei und ungehindert fließen kann!

Der-Viel-Spaß-bringende-Punkt!

Eine Massage im Lendenwirbelbereich angewandt, noch dazu mit den richtigen Essenzen, bringt nicht nur völlige Entspannung, sondern steigert auch die sexuelle Lust enorm.

So eine Rückenmassage (zwischen Taille und Steißbein) ungefähr fünf Minuten lang angewandt, stärkt nicht nur angespannte Nerven, sondern auch das Verlangen. Massieren Sie mit sanften, kreisenden Bewegungen und bearbeiten Sie diese Körperpartie auch mit sanftem Druck Ihres Daumens!

Der Massagepunkt bei seelischer Erschöpfung!

Dieser liegt im Bereich der Kniescheibe, ca. drei Fingerbreit darunter. Bearbeiten Sie diesen Bereich mit einer von Ihnen gewählten Essenz, von der Sie glauben, Sie würde Ihnen, oder selbstverständlich auch Ihrem Partner, gut tun. Massieren Sie diesen Bereich ebenfalls drei bis fünf Minuten, mit sanften, kreisenden Bewegungen Ihrer Finger und wechseln Sie ab mit einer Daumendruckmassage!

Der Massagepunkt für Kreislaufbeschwerden und gegen mangelnde Lust auf Liebe!

Dieser Punkt befindet sich genau in der Mitte Ihrer Handinnenfläche, und Sie dürfen ihn getrost mit einem Tropfen reiner, unverdünnter Essenz bearbeiten!

Das geschieht folgendermaßen: Geben Sie die Essenz direkt auf den Mittelpunkt der Handinnenfläche und massieren Sie diesen mit dem Daumen der anderen Hand. Kreisen Sie damit direkt auf diesem Punkt – hierbei dürfen Sie ruhig etwas Druck ausüben! Müdigkeit verfliegt rasch, und auch Ihre Sexualorgane werden dabei beträchtlich gestärkt! Der Erfolg dieser Druckmassage läßt nicht lange auf sich warten.

Sie können hierbei auch verschiedene Essenzen anwenden – jene, die Müdigkeit vertreiben, und jene, die das Verlangen stärken!

TIP:

Und wenn Sie sich und Ihrem Partner etwas ganz besonders Gutes tun möchten, empfehle ich Ihnen als Vorbereitung folgendes ***Entspannungsbad***, für das Sie folgende Zutaten benötigen:

20 möglichst frische Rosenknospen

1 Liter Wasser, in dem Sie die Knospen zehn bis fünfzehn Minuten köcheln lassen.

Wenn der Rosensud auf lauwarm abgekühlt ist, rühren Sie einen halben Becher ungeschlagene Sahne unter und fügen noch sechs Tropfen Rosenöl und zwei Tropfen Vanille zu.

Dieser Badezusatz der ganz besonderen Art wird die Sinne aufs Angenehmste ansprechen und gleichermaßen entspannend auf Ihren von Streß geplagten Körper wirkten. Allerdings läßt sich dieses Entspannungsbad beliebig variieren!

Beispielsweise so:

Eine gute Handvoll frischer oder, wenn nicht anders erhältlich, getrockneter Lavendelblüten, die Sie ebenfalls mit einem Liter Wasser zehn bis fünfzehn Minuten köcheln lassen, dann abermals die frische, ungeschlagene Sahne (ca. ½ Becher voll) zufügen, drei Tropfen Lavendelöl und zwei Tropfen Orange untermischen.

Nach diesem wohltuenden Bad wird die Massage um so besser anschlagen! Wenn Sie sich und Ihrem Partner aber gleichzeitig auch noch etwas Gutes von innen tun möchten, könnten Sie nach diesem Entspannungsbad für eine köstliche Erfrischung in Form eines exquisiten Vitamintrunks sorgen.

Tropical Drink „Liebesfeuer"

Eine ganze frische Mango und ½ Maracuja.

Schälen Sie die Früchte und schneiden Sie sie in kleine Stücke. Geben Sie diese in den Mixer und fügen Sie einen Teelöffel Honig und einen kleinen Löffel Himbeermarmelade zu, ebenso noch zwei Tropfen Vanilleöl (oder das Mark einer frischen Schote!). Nach dem Pürieren geben Sie noch ½ Liter Milch zu.

Viel Spaß mit dieser Vitaminbombe!

Teil II – Sinnliche Räucherungen

Und jetzt, da Sie alles bisher so aufmerksam verfolgt haben, was ich Ihnen über sinnliche Düfte zu sagen hatte, möchte ich Ihnen verraten, wie Sie nun Ihr frisch erworbenes Wissen über erotische Düfte, ihre Wirkungsweise und Anwendung in Einklang bringen können mit vielen kleinen magischen Tricks und den dazu passenden magischen Räucherungen!

Räucherwerk dient als eine Art Verbindung zwischen der Dimension des irdisch Stofflichen und dem überirdisch Astralen, was im Grunde genommen nichts anderes bedeutet, als daß die Anwendung diverser Räucherungen die Sinne eines Menschen sensibilisieren kann. Außerdem waren Magier schon immer der Ansicht, der menschliche Geruchssinn sei nicht nur der lebendigste aller Sinne, sondern sogar der geistigste. Hinzu kommt zweifelsohne auch, daß ein wohlgewählter Rauch oder eine gut zusammengestellte Mischung aus feinen, ätherischen Ölen uns Menschen alle Türen zu den Elementen des Himmels öffnet.

Magische Räucherungen und andere Zaubereien

Nun, in vielen Frauen schlummern magische Fähigkeiten, die nur darauf warten, geweckt zu werden. Eine sinnliche Frau ist ja meist auch eine magische Frau, und deshalb liegt mir viel daran, Ihnen zu zeigen, wie leicht es sein kann, sich mit Hilfe kleiner magischer Kniffe das Leben im Alltag ein wenig leichter zu machen.

Natürlich würde es den Rahmen dieses Buches sprengen, wollte ich auf den restlichen Seiten versuchen, aus Ihnen eine magisch versierte Frau zu machen, die sich im Bereich der Magie nun künftig auf sicherem Boden bewegt. Das ist nicht möglich, denn das Betätigungsfeld eines Magiers oder einer Magierin ist riesengroß, und es bedarf jahrelanger Studien, um wenigstens einigermaßen fit auf diesem Gebiet zu werden. Ich kann Ihnen allerdings anhand einfacher kleiner magischer Regeln zeigen, wie Sie beispielsweise wirkungsvoll die Gunst der Stunde nutzen, indem Sie sich ein wenig nach den alten Mondregeln richten, oder astrologisches Wissen in Ihre Rituale miteinbeziehen, oder die Energie der Planeten nutzen.

Wir werden uns hier natürlich überwiegend mit den magischen Ritualen befassen, die in erster Linie dazu dienen, die sinnliche Liebe in all ihren Facetten zu fördern!

Sie werden lernen, wie man die Liebe, und natürlich auch die Sexualität, zweier Menschen aktivieren und auch intensivieren kann, sofern das in Ihrer Partnerschaft nötig geworden ist, denn es gibt zahlreiche Möglichkeiten, ein Paar, das sich seelisch und körperlich im Lauf der Zeit voneinander entfernt hat, einander wieder näherzubringen und die Liebe – sofern noch vorhanden – wieder zu wecken!

Sie werden sehen, man kann nicht nur zu ätherischen Essenzen greifen, um sich und seinen Partner zu entspannen und die Sinne anzuregen, sondern auch zu eigens hierfür ausgewähltem Räucherwerk! Und Sie werden lernen, wie man sich die enorme Kraft des Mondes für seine Rituale zunutze machen kann, damit alle diese kleinen „Hilfsmittel der Liebe“ noch einmal so gut wirken können.

☆☆☆☆☆

Die Magie einer brennenden Kerze

Züngelnde Flammen haben schon immer eine große Faszination auf den Betrachter ausgeübt, und nur wenige können sich der Magie des Feuers – speziell der einer brennenden Kerze – entziehen.

In längst vergangenen Zeiten tanzte man um ein Lagerfeuer, weil man annahm, damit die unsichtbaren Geister beschwören zu können. Lange Zeit galt das Feuer auch als wichtiges Instrument der Magier und Hexen, und tatsächlich verwendet man auch heute noch bei vielen okkulten Praktiken brennende Kerzen!

Feuer ist das Symbol für Reinigung und Opferung, aber auch für den inneren und äußeren Wandel!

Das rituelle Abbrennen einer Kerze erfreut sich immer noch großer Beliebtheit, und es wird nicht zu Unrecht behauptet, daß ein solches Ritual unter Berücksichtigung ganz bestimmter Farben einen innig gehegten Wunsch auf mystische Weise wahr werden lassen kann. Und da Kerzenrituale im allgemeinen sehr einfach zu handhaben sind und Sie hierfür selten mehr als einige Kerzenleuchter benötigen und das Wissen, welche Kerzenfarben Sie für ein Liebesritual verwenden sollten, damit Ihr Ritual erfolgreich wird, möchte ich Ihnen das nachfolgende Ritual natürlich nicht vorenthalten!

Kerzenfarben und ihre Wirkung auf die Sinnlichkeit

Rot: Die Farbe Rot steht für Vitalität, Lebenskraft, Kreativität und Leidenschaft!

Grün: Diese Farbe steht für die bereichernde Liebe zweier Menschen!

Indigo: Diese Farbe steht für tiefe Entspannung!

Rosa: Diese Farbe steht für junge Liebe, aber auch für Gefühle von Romantik und inniger Zuneigung!

Kerzen in den Farben des Regenbogens: Diese Farben stehen für innere Harmonie und den Gleichklang der Seelen!

☆☆☆☆☆

Liebesrituale und die Sterne

Nach alter Tradition entfalten Kerzenrituale ihre Wirkung am besten in Vollmondnächten. Magier und Hexen nehmen vor einem solchen Ritual zunächst einmal die symbolische Reinigung des Körpers in Form eines Bades oder einer ausgiebigen Dusche vor. Danach folgt eine reinigende Räucherung, beispielsweise mit Weihrauch oder Sandelholz, schließlich wird der Geist von störenden Gedanken und Einflüssen befreit, um sich auf diese Weise ganz auf das gesteckte Ziel zu konzentrieren, dem dieses magische Ritual gewidmet ist. Wenn Sie möchten, können Sie während dieser meditativen Zeit auch noch um spirituellen Beistand für das, was Sie zu erreichen wünschen, bitten!

Wenn das geschehen ist, sollten Sie einige Minuten lang Ihren Wunsch in Gegenwart der brennenden Kerzen wiederholen, möglichst laut und deutlich! Natürlich können Sie Ihre Wünsche auch in Form von Versen vortragen (Zaubersprüche!), aber das ist nicht zwingend notwendig! Zum Schluß sollten Sie nicht vergessen, das Ritual mit einigen Worten des Dankes abzuschließen. Nun können die Kerzen gelöscht werden, sofern Sie das möchten.

Sie können ein derartiges Ritual mental noch verstärken, indem Sie sich in der Farbe der Kerzen kleiden, denn Farben erzeugen bestimmte Schwingungen, und je stärker die Farben zur Anwendung gebracht werden, desto stärker auch die dadurch erzeugte Schwingung!

☆☆☆

Als nächstes möchte ich Ihnen drei Himmelskörper ein wenig näher bringen, die bei Liebesritualen besonders wichtig sind:

Der Mond

Symbolismus: Spiegel des Lebens
Einflußbereich: Alle Stimmungen
Eigenschaften: Gefühle, Intuition, Hingabe und das Nähren

Der Mond regiert die Welt des Schlafes und des vegetativen Lebens – also des Unterbewußtseins. Der Mond beherrscht sozusagen die Welt unserer nächtlichen Träume, egal ob gute oder schlechte, er beherrscht unsere Einbildungskraft und sorgt so für mehr oder minder angenehme Phantasien.

Luna wurde als römische Mondgöttin verehrt und war auch die Schutzpatronin der Liebenden. Selbst heute noch wird in vielen Liebesliedern der Mond besungen, denn dieser Himmelskörper, der unsere Phantasie beflügelt, steht nun einmal für tiefe Gefühle und Melancholie.

Astrologisch betrachtet wählt der Mond sein Domizil im gefühlsbetonten Krebs. Dieses Tierkreiszeichen steht für die Welt der Gefühle, Sensibilität und auch für Stimmungsschwankungen!

Folgendes wird dem Mond zugeordnet:
Pflanzen: Bitterklee, Salbei, Kümmel, Gartenmohn, weiße Rosen
Tag: Montag.
Metall: Silber
Farbe: Weiß
Zahl: 2
Steine: Labrador, Opal, Perlen, Kristall, Selenit, Perlmutt

Lunarische Tips – für Freundschaft, Liebe und Partnerschaft!

Diese Ratschläge aus längst vergangenen Tagen haben auch in der heutigen Zeit noch immer Gültigkeit und wenn Sie es nicht glauben, dann achten Sie doch künftig einmal darauf, – Sie werden sich wundern!

Freundschaften entwickeln sich immer dann besonders vorteilhaft, wenn der Mond zum Zeitpunkt des

Kennenlernens in einem Luftzeichen – das sind Zwillinge, Waage und Wassermann – steht! Und wenn der Mond eventuell auch noch positive Aspekte zu Venus oder Uranus bildet, dann steht einer fruchtbaren und dauerhaften Freundschaft kaum etwas im Wege!

Dauerhaftes Eheglück ist besonders immer dann zu erwarten, wenn sich am Tag der Eheschließung der zunehmende Mond im Stier befindet. Eine positive Steigerung wäre noch ein positiver Aspekt zu Sonne, Venus oder Jupiter – zu vermeiden wäre ein negativer Mond/Mars-Aspekt! Allerdings muß der Vollständigkeit halber noch erwähnt werden, daß eine solche Ehe, sollte es dennoch einmal zu einer Trennung kommen, nur unter großen Problemen getrennt werden kann!

Als ganz besonders glückliche Ehen gelten jene, die bei zunehmenden Mond, genau nach dem ersten Viertel geschlossen werden (Woche nach Neumond!), besonders dann, wenn sich der Mond am Tag der Eheschließung im Krebs, Löwe oder in der Waage befand und Sonne, Venus oder Jupiter positive Aspekte warfen.

Merke:

Der allgemeine Tenor einer partnerschaftlichen Beziehung läßt sich ablesen am Tierkreiszeichen, in dem der Mond zur Zeit der Eheschließung oder zum Zeitpunkt des Kennenlernens stand.

Beispiel: Stand der Mond in der Waage, handelt es sich hier meist um eine Partnerschaft, die von gegenseitiger Toleranz getragen ist und von ausgleichender Harmonie, sofern keine anderen, negativen Einflüsse vorherrschen.

Eine unglückliche Beziehung beenden wollen: Das gelingt am besten im vierten Viertel des Mondes – (Woche vor Neumond!)

Wahl der Düfte & Räucherungen nach dem Stand des Mondes

Eine magische Frau wird mit der Zeit genau das richtige Gespür für jene Düfte entwickeln, die zum Stand des Mondes passen! Sie wird auch erkennen, welche Gerüche dem Körper besonders gut tun. Seit einigen Jahren erleben ätherische Essenzen eine Renaissance, ebenso wie magische Räucherungen, die beide hervorragend zur sensitiven Energie des Mondes passen, weil diese sensiblen Schwingungen sehr gut die weiblichen Gefühle und Intuitionen widerspiegeln.

Oft wird man sich fragen, welcher Duft oder welche Räucherungen passen zu mir und zu dem, was ich damit zu tun beabsichtige?

Um sich an die gültigen Richtlinien bezüglich Mond und den dazu passenden Düften & Räucherungen zu halten, ist es allerdings nötig, den genauen Mondstand zum Zeitpunkt Ihrer Geburt zu wissen.

Befand sich der Mond in einem Luftzeichen, also in Wassermann, Zwillinge oder Waage, dann spricht Ihr Körper gut an auf folgende Duftnoten und Räucherungen: Bergamotte, Zitrusfrüchte, Ingwer, Nelke, Eukalyptus und Minze!

Stand Ihr Geburtsmond hingegen in einem Feuerzeichen, also in Widder, Löwe oder Schütze, dann sind folgende Düfte und Räucherungen für Ihren Körper von Vorteil: Zimt, Kardamom, Nelke, Myrrhe und Weihrauch!

Stand Ihr Geburtsmond in einem Erdzeichen wie Stier, Jungfrau oder Steinbock, dann spricht Ihr Körper sehr gut an auf folgende Düfte und Räucherungen: Galbanum, Moschus, Muskat, Zypresse, Vetiver, Zeder, Patschuli und Sandelholz!

Für alle Mondkinder aus den Wasserzeichen (Krebs, Skorpion und Fische) sind folgende Düfte und Räucherungen bestens geeignet: Vanille, Rose, Palmarosa, Ylang-Ylang, Geranie, Jasmin und Veilchen!

Diese Düfte werden eine große Bereicherung für Sie sein und Ihnen optimalen Lebensgenuß bieten, schließlich gehören diese nicht umsonst schon seit ewigen Zeiten zu den Utensilien der Mondpriesterinnen und Hexen.

Wenn Sie diese Düfte als Parfüm für sich verwenden wollen, gilt folgendes: Da es sich um hochkonzentrierte, ätherische Essenzen handelt, sollten Sie selten mehr als einen Tropfen verwenden. Und sollte Ihnen dieser Duft als Parfüm zu stark sein, können Sie diesen durch eine Art Gegenmittel etwas abschwächen, indem Sie beispielsweise Luftessenzen durch Erdessenzen mildern, Wasseressenzen durch Feueressenzen, Feueressenzen durch Wasseressenzen und Erdessenzen durch Luftessenzen!

Die Mond-Regel

Sie können Ihren Körper – und natürlich auch den Ihres Partners – immer ganz besonders gut bei zunehmendem Mond stärken! Möchten Sie ihn entgiften, sollten Sie die Phase des abnehmenden Mondes nutzen!

Schon Hippokrates, den man auch den „Vater der Medizin" nannte, bezog bei seinen Behandlungen den Mond und die Planeten mit ein. Und wenn Sie sich und Ihrem Liebsten eine ganz besonders gefühlsintensive Nacht gönnen wollen, sollten Sie versuchsweise einmal die sinnliche Vollmondnacht dafür in Erwägung ziehen, die sich natürlich auch ganz hervorragend für ein intimes Liebesritual anbietet!

Die Venus

Symbolismus: Die Liebesgöttin

Einflußbereich: Gefühle in jeder Form, innere und äußere Werte

Eigenschaften: Zuneigung, Sinnlichkeit und Vergnügen aller Art!

Venus, die griechische Aphhrodite, galt nicht nur als die Göttin der Liebe und Schönheit, sondern auch als Göttin der Kunst, aber auch der Wollust. Venus regt die Phantasie an und ist somit auch eine geistige Schöpferin. Sie vermag Erinnerungen jeglicher Form zu sammeln, um sie dann in eine verbesserte, schönere Form zu bringen. Sie fördert auch den sexuellen Instinkt, die gegenseitige Anziehungskraft und strebt nach mystischer Vereinigung. Die Venus ist auch ein glücksbringender Planet, denn sie ist den Freuden des Lebens, besonders den sinnlichen, gegenüber sehr aufgeschlossen und fördert somit das Liebesleben. In negativer Form ist sie besitzergreifend und verzehrend.

Fassen wir noch einmal zusammen:

Dieser Planet steht für Gefühle, Harmonie, Herzlichkeit, Gemeinschaftssinn, Liebe in jeder Form und auch für – VERFÜHRUNG!, denn schließlich nennt man Venus auch die Göttin des Liebreizes und des sinnlichen Begehrens.

Der Planet Venus hat sein Domizil im sinnlichen Stier und in der kunstbetonten Waage. Venus-Menschen sind dafür bekannt, alles Schöne zu lieben, sind (meistens!) sehr friedfertig und lieben Harmonie über alles. Venus steht also für Liebe pur, sinnliches Vergnügen und erlesenen Genuß!

Folgendes wird der Venus zugeordnet:

Pflanzen: Sandelholz, Rosen in allen Schattierungen von rosa bis dunkelrot, Moschus, Eisenkraut, Tulpen, Wermut

Tag: Freitag

Metall: Kupfer

Farbe: Blau

Zahl: 6

Steine: Heller Saphir, Rosenkoralle, Lapislazuli, Aquamarin

Der Jupiter

Symbolismus: Der Prophet und Wohltäter

Einflußbereich: Expansion, Freiheit und Großzügigkeit

Eigenschaften: Raum, Ordnung, Wachstum und Optimismus

Jupiter, den die Griechen Zeus nannten, war der höchste aller Götter und somit der Herrscher des Olymps.

Dieser Planet, den die Astrologen auch *Fortuna Major* nennen, gilt folglich als König der Götter! Er ist optimistisch und großzügig, bietet geistige Entfaltung und Schutz und unterstützt menschliche Vorhaben – meist positiv – nämlich immer dann, wenn sich unsere Wünsche auf dem Boden der Tatsachen bewegen und wir bei unseren Vorhaben realistisch bleiben!

Dieser Planet kann den Menschen also bei der Verwirklichung ihrer Wünsche helfen, sie zum Sieg führen oder auch zu Reichtum, wobei Sieg und Reichtum als etwas sehr Individuelles zu betrachten sind.

Jupiters Domizil ist im Tierkreiszeichen Schütze beheimatet – früher einmal auch in den Fischen! Jupiter-Menschen sagt man nach, sie seien sehr hilfsbereit und menschenfreundlich!

Folgendes wird dem Jupiter zugeordnet:

Pflanzen: Lorbeer, Lavendel, Safran, Ambra, Minze (besonders die krause), Heidekraut,

Tag: Donnerstag

Metall: Zinn

Farbe: Purpurrot

Zahl: 3

Steine: Dunkler Saphir, Smaragd und Amethyst

☆☆☆☆☆

Zahlen und Rituale

Die Numerologie, wie man die Lehre der Zahlen nennt, ist eine der ältesten Geheimlehren, und bereits vor der Erfindung von Schriftzeichen wurden Zahlen auf Steine und Knochen geritzt.

Die Lehre der Zahlen galt einst als Geheimlehre und war deshalb nur den Priestern zugänglich. Weil den Zahlen stets auch ein mystischer Wert zugeschrieben wurde, machten sich später auch Magier und Hexen dieses geheime Wissen zunutze!

Zahlen können sehr gut, gemeinsam mit den Kräftewirkungen der Planeten, für magische Rituale verwendet werden, beispielsweise für Liebesrituale! Die den Planeten Mond, Venus und Jupiter entsprechenden Zahlen, die Sie für ein Liebesritual verwenden können, habe ich Ihnen oben schon genannt, und Sie können dies auch bei der Anzahl von Kerzen bei Ihrem ganz persönlichen Liebesritual berücksichtigen.

☆☆☆☆☆

Ein Liebesritual

Sie möchten am Tag der Venus – also an einem Freitag – ein möglichst wirkungsvolles Liebesritual vollziehen!

Dem Planeten Venus entsprechen die Zahl 6 und die Farbe Blau sowie das Metall Kupfer. Um die Vorbereitungen für das Ritual geschickt zu vervollständigen und die Wirkung zu verstärken, entschließen Sie sich vielleicht auch noch dazu, einen zur Venus passenden Stein – zum Beispiel einen blauen Lapislazuli – zu wählen!

Nun könnten Sie aber auch noch sechs Kerzen der Farbe Blau in Ihr Ritual mit einbeziehen und/oder zusätzlich die zur Venus passenden roten oder roséfarbenen Kerzen. Und Sie könnten, während Sie Ihre Liebesdüfte mischen, die Energie des Steines nutzen, indem Sie diesen zu den brennenden Kerzen legen. Und Sie sollten, bevor Sie mit dem eigentlichen Ritual beginnen, nicht vergessen, auch die Atmosphäre des Raumes zu reinigen – mit eigens hierfür geeigneten Räucherungen. Wie das im einzelnen vor sich geht, erfahren Sie gleich!

Das war jetzt lediglich ein Beispiel dafür, wie Sie ein solches Ritual gestalten können, wobei sich besonders gut die Phase des Voll- oder Neumonds eignet, und Sie könnten an diesem Tag, oder in dieser Nacht, zusätzlich auch noch die Energie von Venus und Jupiter mit einbeziehen. Sie sehen – es gibt auch für magische Rituale dieser Art keine starren Regeln, sondern Sie können sich auch hier ganz auf Ihre Intuition verlassen und die einzelnen Vorschläge einzeln anwenden, oder kombiniert.

Zu kompliziert? I wo!

Ein Beispiel wird es Ihnen beweisen:

Nehmen wir einmal an, Ihre Beziehung ist noch relativ jung und Sie möchten sie vertiefen, da dieser Mann Ihnen ganz besonders gut gefällt und Sie davon überzeugt sind, daß er die Liebe Ihres Leben werden könnte!

Die Phase des zunehmenden Mondes wäre für diese Zwecke hervorragend geeignet, weil Sie die Gefühle zwischen sich und Ihrem Liebsten stärken möchten – der zunehmende Mond stärkt und läßt wachsen (und das kann ja nie schaden! ...)!

Am Tage vor Ihrem großen Date mit dem Mann Ihrer Träume könnten Sie ein ***Vorbereitungsritual*** vollziehen – in einem ruhigen, abgedunkelten Raum mit leiser, angenehmer Musik im Hintergrund. Geben Sie in eine Kristallschüssel Wasser und fügen Sie diesem einen kleinen Rosenquarz zu, der darin mindestens eine Stunde liegen sollte. Nehmen Sie dann die Schüssel mit dem Wasser in beide Hände und verneigen Sie sich in alle vier Himmelsrichtungen. Danach setzen Sie sich bequem auf den Boden, stellen die Schüssel mit dem Wasser links von sich auf, und vor sich einen kleinen Räucherkessel. Geben Sie etwas weißen Quarzsand hinein, dann die Räucherkohle und entzünden Sie diese mit einem Streichholz, besser einer Kerze (kein Benzin oder Gasfeuerzeug, denn wir wollen die alte magische Weise möglichst originalgetreu aufrechterhalten!). Dann greifen Sie zu Stift und Papier, schreiben mit roter Tinte den Namen Ihres Partners und den Ihren darauf, und dann Ihren ganz persönlichen Wunsch! Also möglichst mit knappen und deutlichen Worten, was Sie sich von dieser Verbindung erhoffen!

Dann geben Sie etwas von einer Liebesräucherung auf die glimmende Kohle, lesen laut dreimal den Text und falten dann den Zettel von links nach rechts zusammen, von unten nach oben und so fort – das tun Sie bitte so oft, bis der Zettel nicht mehr faltbar ist. Dann zünden Sie den Zettel an und legen ihn auf die glimmende Kohle mit der Räuchermischung und warten, bis er gänzlich verbrannt ist. Danach löschen Sie die Kohle mit dem Rosenquarz-Wasser! Das können Sie, falls möglich, im Freien tun, also auf dem Balkon, der Terrasse oder im Garten, falls vorhanden, oder auch im Badezimmer! Nach alter Sitte sollten die Überreste unter einem Rosenstrauch vergraben werden. Falls das für Sie nicht machbar ist, wird es genügen, wenn Sie die Mischung in ein gut abschließbares Glasgefäß geben, mit Wasser vermischen und bei nächster Gelegenheit einen Rosenstrauch Ihrer Wahl damit begießen!

☆☆☆

Das war der erste Teil Ihres Liebesrituals. Der zweite könnte sich wie folgt gestalten:

Der Zweckmäßigkeit halber sollten Sie sich auch jetzt wieder für den Tag der Venus entscheiden, und auch für einen Tag bei zunehmendem Mond oder bei Vollmond! Entfernen Sie, so gut es geht, alle Gegenstände aus Ihrem Schlafzimmer, die aus Metall sind. Metall im Schlafbereich stört nicht nur den menschlichen Energiefluß, sondern wirkt sich auch schwächend und liebeshemmend aus auf alle, die in diesem Raum sind.

Für eine harmonische Partnerschaft ist es sehr wichtig, einen harmonischen Rahmen zu schaffen. Legen Sie einen großen Rosenquarz auf das Fensterbrett und daneben einen schönen, klaren Bergkristall. Die Steine sollten so drapiert sein, daß sie das natürliche Licht von Sonne und Mond einfangen und an den Raum abgeben, was auch den Menschen in diesem Raum sehr zugute kommt. Die Steine können Sie gerne dort liegen lassen – also nicht nur für das Liebesritual verwenden –, denn Rosenquarz und Bergkristalle wirken sich im Schlafbereich ohnehin sehr positiv aus. Sie können auch gerne einen rosafarbenen Kunzit aufstellen, denn dieser wirkt sich ebenfalls sehr positiv auf Ihr Vorhaben aus. Besorgen Sie rosafarbene Kerzen und entscheiden Sie sich für drei Liebesessenzen Ihrer Wahl, oder eine der fertigen Mischungen aus diesem Buch. Wenn Sie allerdings gesteigerten Wert auf sinnliche Liebe legen, wäre es sehr sinnvoll, sich einen oder mehrere Karneole zu kaufen, die Sie direkt neben Ihrem Bett drapieren, und sich für dunkelrote Kerzen und dementsprechende Düfte zu entscheiden!

Auch ein bereits angesetzter Liebeswein wird das Seinige tun!

Die Duftlampe und das Massageöl sollten möglichst nach den gleichen ätherischen Essenzen duften, denn ein Zuviel kann sich auch hier nachteilig auswirken!

☆☆☆☆☆

Traditionelle Planetenräucherungen

Als nächstes folgt eine Liste der Planeten und der Düfte, die zueinander passen. Nach alter Tradition werden die Pflanzen oder Pflanzenteile, oder besser gesagt, ihre grobe Bestandteile, in einem Mörser zerkleinert – Sie benötigen hierfür also einen Mörser und Stößel! Das zerkleinerte Material läßt sich gut in luftdichten Gefäßen aufbewahren. Diese Planetentabelle mit den dazugehörigen Pflanzen, (Pflanzenteilen und Früchten) wird je nach Tradition variieren, stellt aber dennoch eine gute Auswahl dar.

Sonne: Orangenschale, Lorbeer, Safran, Weihrauch, Ambra und Mastix

Mond: Nachthyazinthe, Jasmin, Myrte, Benzoe und Kampfer (als Öl und in kompakter Form)

Merkur: Weißdorn, Lavendel, Galbanum, Muskatblüte, Zimt, Gewürznelke, Storax

Venus: Veilchen, Rose, Safran, Aloe, Sandelholz, Moschus

Mars: Benzoe, Tabak, Vogelbeere, Nieswurz

Jupiter: Wacholder, Bilsenkraut, Odermennig, Muskatnuß, Salbei, Benzoeharz, Basilienkraut

Saturn: Myrrhe, Sandelholz, Alraunwurzel, Kreuzkümmel, Pinie, Eibe, Schwarzer Mohn

Neptun: Baldrian, Kampfer, Weide, Ulme, Gummiharz, Roter Storax

Uranus: Hyazinthe, Patschuli, Roter Storax, Klee

Pluto: Wilder Majoran, Eukalyptus, Stechpalme

Kräuter und Harze

Harze kann man in einem Mörser recht gut zerkleinern, aber bitte nicht zu Pulver zerreiben!

Wenn Sie für ein Ritual frische Blüten oder Blätter verwenden möchten, müssen diese vorher getrocknet werden! Das geschieht am besten während der Phase des abnehmenden Mondes! Die getrockneten Pflanzenteile zerreibt man vor Gebrauch zwischen den Händen und vermischt sie erst dann mit den anderen Zutaten!

Die Kunst des Räucherns

Zuerst einmal überlegen Sie sich bitte, was Sie persönlich als Räucherkessel verwenden möchten oder als Räucherpfanne, wie man dieses wichtige Utensil der Magier noch nennt!

Wenn Sie nach einer besonders preiswerten Variante suchen, könnten Sie für Ihre Räucherungen einen kleinen Blumentopf mit dazugehörigem Unterteller verwenden (aus Ton!). Diesen sollten Sie dann zu einem guten Drittel mit Erde füllen und zu einem weiteren Drittel mit Aquariensand (Tierhandlung!). Darauf kann man dann problemlos die Holzkohle legen, bevor Sie Ihre Räucherwaren zum Einsatz bringen. Durch den Unterteller läßt sich dieses einfache, aber recht brauchbare Räuchergefäß auch transportieren, ohne daß Sie sich die Finger verbrennen.

Ein Thuribulum (Weihrauchfaß) ist die kostspieligere Variante zum Verbrennen von Räuchermischungen. Dieser kleine Kessel, in dem man überwiegend Weihrauch verbrennt, hat drei lange Ketten, an dem dieser Kessel bei Bedarf herumgeschwenkt wird, um den Rauch zu verteilen. Holzkohle zum Anzünden bekommen Sie fertig imprägniert – dadurch ist sie leichter zu entzünden. Nehmen Sie zum Anzünden Ihrer Räuchermischungen bitte immer eine Kerze – am besten eine aus Bienenwachs – und verzichten Sie auf Streichhölzer oder gar ein Feuerzeug, um die alte Tradition nicht gänzlich zu brechen. Normalerweise reicht es aus, wenn man mit zwei oder drei Mischungen arbeitet. Achten Sie bitte auch hierbei wieder darauf (wie bei den Essenzen!), daß Sie Ihre Räuchermischungen von einer seriösen Firma beziehen. Selbstverständlich können Sie Kirchenweihrauch, Kerzen und Holzkohle in Geschäften für Kirchenausstattung kaufen, wenn man dort bereit ist, das Gewünschte zu verkaufen! Aber man kann es ja zumindest versuchen. Sicherlich werden Sie einen Lieferanten finden, der Ihnen eine Liste von fertigen Mischungen zur Verfügung stellt, dann brauchen Sie nur noch herauszufinden, welche der Räuchermischungen für Ihre Zwekke am besten geeignet ist. Denn – es kommt ja auch immer ganz darauf an, in welchen geistigen Zustand Sie sich mit einer dieser Mischungen versetzen wollen. Jedenfalls werden Sie schon bald feststellen, daß sich in Ihrem Inneren etwas tut, wenn Sie sich entspannt hinsetzen – oder legen – und Ihre spezielle

Räuchermischung auf sich wirken lassen. Es wäre nicht weiter verwunderlich, wenn Sie dabei auf einen jener Düfte aus alter Zeit stoßen, der eine Erinnerung in Ihrem Unterbewußtsein auslöst. (Sie wissen ja, Düfte können Verschollenes aus weit zurückliegender Vergangenheit wieder an die Oberfläche des Bewußtseins transportieren).

Vielleicht wecken Sie ja damit auch in Ihnen schlummernde Talente und Fähigkeiten wieder, denn wer weiß denn schon noch, was er in einem Ihrer Vorleben so alles beherrscht hat – und das ist nur ein weiteres Beispiel dafür, was eine magische Räucherung so alles bewirken kann! Und Sie werden sicherlich auch herausfinden, an welchem Tag der Woche Sie am liebsten magisch arbeiten möchten, oder zu welcher Stunde des Tages, denn es ist sehr wichtig, Freude zu empfinden, wenn Sie dies tun. Und vergessen Sie auch nicht, Ihre wohlriechenden Kräuter mit dazu passenden Ölen nach Herzenslust zu vermischen, denn Sie können natürlich für Ihre Räuchermischungen auch die Pflanzen verwenden, die Ihnen Ihr Garten beispielsweise in Form von Küchenkräutern zur Verfügung stellt.

☆☆☆☆☆

Pflanzliche Produkte für magische Rituale

Um Ihr Wissen über magische Räucherungen und eben solche Mischungen zu vervollständigen, hier eine Aufstellung jener pflanzlichen Produkte, die für die magisch arbeitende Frau und ihre Rituale wichtig sind. Allerdings sind einige dieser Pflanzen schwierig zu bekommen.

Alraune (Mandragora)

Dieses Nachtschattengewächs ist im Mittelmeerraum beheimatet. Die Pflanze hat blauweiße bis blaßviolette Blüten und oftmals einen doppelspaltigen Wurzelstock, der in gewisser Weise der Gestalt eines Menschen ähnelt. Die Alraune soll dem Mann große Liebeskraft verleihen und der Frau Fruchtbarkeit. Ebenso soll sie ihrem Besitzer zu Reichtümern verhelfen, was ich bisher leider nicht bestätigen kann! Sie kann allerdings dazu beitragen, Elementarkräfte zu fixieren!

Bilsenkraut *(Hyoscyamus niger)* Achtung: sehr giftig!

Bei dieser Pflanze unterscheidet man zwischen schwarzem und hellem Bilsenkraut. Die Blätter sind gezackt, die Blüten vom hellen Bilsenkraut zartgelb bis blaßgrün, die Blüten vom schwarzen braun geädert. Wenn die Fruchtkapseln reif sind, springen sie deckelförmig auf. Für magische Rituale werden die getrockneten Blätter verwendet!

Eisenkraut (Verbena officinalis)

Bei dieser Pflanze handelt es sich um ein krautiges Gewächs, dessen Blüten kleine, lange Ähren bilden. Es gibt von dieser Pflanze mehr als achtzig! Sorten. Die Magier früherer Zeiten schenkten dieser Pflanze große Beachtung, und der Magier der heutigen Zeit sollte das auch tun, zumal diese Pflanze sich sehr gut eignet, um einen Blick in künftige Zeiten zu tun. Verwendet werden die getrockneten Blätter!

Koriander *(Coriandrum sativum)*

Diese Pflanze gehört zur Familie der Doldenblütler, die Blüten des Korianders sind weiß-rosa, und seine grünen Früchte riechen sehr unangenehm – man sagt nach Wanzen, wobei ich persönlich noch an keiner gerochen habe und daher nicht zu sagen vermag, ob es stimmt! Sind die Früchte getrocknet, entwickeln sie ein sehr angenehmes Aroma. Zum Räuchern können Sie die getrockneten und zerstoßenen Früchte verwenden!

Raute (Ruta graveolens)

Hierbei handelt es sich um eine gelbblühende Pflanze, die vor allem als Menstruationsmittel bekannt ist. Sie soll auch eine abtreibende Wirkung besitzen. Die Raute findet ebenfalls als Räucherwerk Verwendung!

Stechapfel *(Datura stramonium)* **Achtung: sehr giftig!**

Bei dieser Pflanze handelt es sich um eine etwa einen halben Meter hohe Staude mit verzweigtem Stengel, deren ausgesprochen schöne Röhrenblüten weiß bis blaßviolett gefärbt sind. Die stacheligen Früchte enthalten eine Vielzahl kleiner schwarzer Körner, die – ebenfalls wie die getrockneten Blüten – für Räuchermischungen verwendet werden.

Tollkirsche *(Belladonna)*, **giftig!**

Diese Pflanze gehört zur selben Pflanzenfamilie wie die Mandragora, ist sehr kräftig und wird gut einen bis anderthalb Meter hoch. Die Blüten sind glockenförmig, die Frucht ist eine leicht gefurchte Beere, die bei voller Reife tief schwarz ist. Bereits mit vier bis sechs Beeren kann man einen erwachsenen Menschen vergiften. Für magische Zwecke verwendet man die grünen Früchte, um daraus eine herrlich grüne Tinte herzustellen, aus dem Saft der reifen Früchte wird eine rote Tinte gewonnen. Allerdings verwendet man für magische Rituale natürlich auch die getrockneten Pflanzenblätter als Räucherwerk, denn diese Räucherung wird gerne zum Hellsehen verwendet oder für Astralreisen!

☆☆☆☆☆

Magische Harze

HARZE ist ein Sammelbegriff, denn in der Magie nennt man auch die Balsame und Gummiharze der Einfachheit halber Harze.

Myrrhe

Der Name soll aus dem hebräischen Wort *mor* entstanden sein, was soviel bedeutet wie bitter, fließen. Tatsächlich ist die Myrrhe ja ein Balsamharz, das bitter ist.

Myrrhe war im Orient sehr geschätzt und deshalb sehr teuer. Die Myrrhe wird aus dem Balsamodendron Myrrha gewonnen. Allerdings ist es heute beinahe unmöglich, echte Myrrhe zu kaufen; das Produkt, das man unter diesem Namen erhält, verfügt kaum noch über jene positiven Eigenschaften, die man der Myrrhe früher zuschrieb. So war sie unter anderem auch ein Mittel gegen viele Krankheiten!

Weihrauch

Ist auch bekannt unter dem Namen Olibanum (= Öl aus dem Libanon). Wir unterscheiden hierbei zwei Arten von Weihrauch, den „männlichen" und den „weiblichen". Der „männliche" Weihrauch ist an seiner schönen Tropfenform zu erkennen und seinem matten Glanz, der durchscheinend wirkt. Dagegen hat der „weibliche"

Weihrauch eine gelblich-weiße Färbung und ist kleinkörnig! Diese beiden unterschiedlichen Bezeichnungen beziehen sich auf die Qualität, wobei der „männliche" Weihrauch von besserer Qualität ist als der „weibliche". Für magische Rituale verwendet man den Weihrauch zur Läuterung und Reinigung, da er alles Negative vertreibt und gleichzeitig beim Anwender innere Ruhe einkehren läßt!

Weihrauchwürfel

Für den Fall, daß Sie Weihrauchwürfel nach alter Tradition selbst herstellen möchten, empfehle ich folgendes:

Zutaten
100 Gramm Weihrauch
1000 Gramm Holzkohle
20 Gramm Salpeter
Wasser nach Gefühl!

Holz- oder Löschkohle in einem Porzellan- oder Glasmörser zerstoßen und Weihrauch über kleiner Flamme in Wasser auflösen, so daß nach einiger Zeit eine zähflüssige Masse entsteht. Dann Kalisalpeter (Salpeter oder Kaliumnitrat) zerkleinern und unter das Gemisch von Kohle und Weihrauch rühren und gut durchrühren. Als nächstes benötigen Sie eine Marmorplatte. Früher verwendete man eine Platte aus Eisen; sollten Sie zufälligerweise solch ein Exemplar Ihr eigen nennen, dürfen Sie dieses natürlich dafür sehr gerne zum Einsatz bringen.

Wenn die Masse ordentlich durchgearbeitet ist, diese ungefähr einen Zentimeter dick auf die Platte aufgetragen. Dann mit einer Spachtel etwa 3 cm große Würfel stechen und bei geringer Hitze im Ofen trocknen. Bei zu großer Hitze beginnen die Würfel womöglich zu glühen!

Die Würfel trocken und dunkel aufbewahren!

Die Würfel vor dem Ritual auf eine feuerfeste Unterlage legen und bei Bedarf anzünden.

Gummiharze und Essenzen

Aloe

Hierbei handelt es sich um eine Mischung aus Harz und Extrakten, die aus mehreren Pflanzengattungen gewonnen werden, wie aus der *Aloe vulgaris, spicata*, *socotrina* usw.

Asa dulcis

Dieses Harz war einst in der Heilkunde von sehr großer Bedeutung, schrieb man ihm doch wundersame Heileigenschaften zu. Angeblich sollte es auch

Gifte unterschiedlichster Art unschädlich machen. Man glaubte sogar, daß es die viel gerühmte Jugendlichkeit wieder herstellen könne, wenn man wüßte, wie es anzuwenden sei! (Leider weiß ich es nicht!!) Jedenfalls stand Asa dulcis in sehr hohem Ansehen.

Asa foetida *(Stercus diaboli)* (Teufelsdreck)

Stammt aus Persien. In der asiatischen Küche verwendet man den milchigen Saft auch als Gewürz. Der Saft wird aus verschiedenen Doldenblütlern gewonnen (Gattung *Ferula*) und riecht auch recht angenehm.

Benzoeharz

Hier gibt es zwei Arten – das Sumatra-Benzoeharz und das Siam-Benzoeharz. Letzteres ist heller und duftet auch feiner, allerdings ist es auch um einiges teurer. Es kommt aus Hinterindien und ist ebenfalls schwer zu bekommen.

Bernstein

Ist ein durchscheinendes Harz von spröder Beschaffenheit. Seine Färbung ist sehr vielseitig und reicht meist von hellem Gelb bis hin zu einem intensiven Rot. Die Bernsteinsorte mit dem wohl höchsten Harzgehalt ist *Picea succifera*.

Galbanum

Ist ein harziger Saft. Die Pflanze gedeiht in Persien. Galbanum hat eine ausgeprägt schöne Tropfenform; es gibt ihn in unterschiedlichen Rotabstufungen. Der harzige Saft strömt einen sehr starken, aromatischen Duft aus.

Kalambak

Ist auch unter dem Namen *Aloeholz* oder *Adlerholz* bekannt. Im Orient ist dieses Harz auch als sehr begehrter Duftstoff im Handel erhältlich und wird vor allem zum Reinigen der Luft verwendet!

Mastix

Gehört ebenfalls zu den Harzen und stammt vom Pistazienstrauch (*Pistacia atlantica*), der u.a. auch im Atlasgebirge wächst. Im Handel erhält man dieses Harz als gelbliche Tropfen oder Körner, die einen aromatischen Duft verströmen.

Opobalsamum

Ist auch unter dem Namen *Mekka-Balsam* bekannt. Stammt ursprünglich von einem Baum, der im 18. Jahrhundert von Äthiopien nach Israel gebracht worden sein soll. Dieses weiße, harzige Salz, das aus den Blättern und Zweigen des Baumes gewonnen wird, indem man diese kocht, wurde im Orient für medizinische Zwecke verwendet. Das Salz ist von schmutzig weißer Farbe und riecht süß. Dieses Salz wird auch *ägyptischer Balsam*, *jüdischer Balsam* oder *weißer Balsam* genannt.

Sagapenum

Ähnelt Asa foetida und Galbanum. Sagapenum riecht aromatisch und ist außen von rotbrauner Farbe, innen weiß mit einem kleinen Stich gelb.

Sandel

Man unterscheidet hierbei zwischen den weißen, gelben oder roten Sandelbäumen, wobei der weiße der interessantere ist, weil er angenehm duftet. Der für magische Zwecke verwendete Sandel ist eigentlich kein Harz, sondern pulverisiertes Holz. Aus Sandelholz gibt es auch eine Essenz. Und da das im Handel erhältliche Holz kaum noch über seinen typischen

Duft verfügt, weil es meist nur noch das bereits völlig ausgelaugte Holz ist, das zum Verkauf angeboten wird (dem Holz wurde die kostbare Essenz entzogen!), empfiehlt es sich für magische Zwecke, das gelbe Sandelholzpulver mit der Sandelessenz zu mischen.

Storax (*Styrax officinale*)

Ist mit Benzoe chemisch verwandt. Storax ist in Tropfen- und Würfelform erhältlich, wobei die Tropfen, qualitativ betrachtet, den Würfeln vorzuziehen sind.

Wichtiger Hinweis!

Viele dieser hier aufgeführten Räucherwerke haben in der Magie vergangener Tage eine überaus große und wichtige Rolle gespielt, sind aber heutzutage nur noch schwer zu beschaffen, oft sogar nur noch im Ausland. Bitte denken Sie daran, wenn Sie zum Beispiel Ihren nächsten Urlaub in Ägypten oder Marokko planen. Die gängigen Harze und Essenzen für Ihre Rituale können Sie sicherlich über Ihre Apotheke oder über Spezialgeschäfte beziehen, und es lohnt sich auch, im Internet danach zu suchen!

☆☆☆☆☆

Harze und ihre planetarischen Entsprechungen!

Saturn – Storax

Saturn und Storax passen immer dann sehr gut in ein Ritual, wenn Sie Stabilität – in welcher Form auch immer – in eine Angelegenheit bringen möchten!

Venus – gelbes Sandelholz

Venus – der Planet der Liebe und der schönen Künste – und gelbes Sandelholz sollten eigentlich in keinem magischen Ritual fehlen, mit dem man Liebe und Kunst, wie auch immer, fördern möchte.

Jupiter – Siam-Benzoeharz

Jupiter und Siam-Benzoeharz werden Sie hilfreich zu unterstützen wissen, wenn Sie ein magisches Ritual planen, das Glück und Erfolg bringen soll.

Merkur – Sumatra-Benzoeharz

Denken Sie an Merkur und Sumatra-Benzoeharz immer dann, wenn Sie für ein von Ihnen geplantes Unternehmen geistige Unterstützung benötigen.

Mars – Galbanum

Mars und Galbanum werden Ihre seelische, geistige und körperliche Energie auf bemerkenswerte Weise zu stärken wissen.

Mond – Myrrhe

Hunger nach intensiven Gefühlen und zärtlicher Zuwendung? Versuchen Sie es einmal mit Hilfe des Mondes in Verbindung mit Myrrhe!

Sonne – Weihrauch

Sie beabsichtigen, mit Hilfe der Magie etwas Gutes für sich oder einen lieben Mitmenschen zu tun? Die Sonnenenergie wird Sie dabei bestmöglich unterstützen, in Kombination mit Weihrauch.

☆☆☆☆☆

Für ein geplantes magisches Ritual, bei dem Sie Harze und die entsprechenden Planeten gemeinsam einsetzen möchten, brauchen Sie sich nicht nur nach den bereits besprochenen Wochentagen richten, sondern können natürlich auch astrologisch vorgehen, falls Sie in der Astrologie ausreichend Bescheid wissen.

So könnten Sie sich beispielsweise auch jenen Tag für ein geplantes magisches Ritual aussuchen, an dem der jeweils von Ihnen benötigte Planet gerade dominiert, von anderen Planeten gut bestrahlt wird, oder in harmonischen Aspekten zu Ihrem Geburtshoroskop steht! Sie sehen schon, es gibt jede Menge Möglichkeiten, ein magisches Ritual nicht nur individuell zu gestalten, sondern auch sehr wirkungsstark, weil es ja direkt auf Ihre eigenen Bedürfnisse und auch auf Ihre eigene mentale Schwingung zugeschnitten ist!

Hier nun einige Spezialmischungen:

Der Blick in die Zukunft

5 g Bilsenkraut
5 g Stramonium
15 g Weihrauch
5 g Belladonna
10 g Verbene

Meditationshilfe

15 g Weihrauch
15 g Sandelholz oder Öl
10 g Siam-Benzoeharz
5 g Asa foetida

Intuition

10 g Sandelholz oder Öl
5 g Belladonna
10 g Bernstein
5 g Galbanum

Liebeszauber

15 g Raute
15 g Myrrhe
10 g Euphorbion
5 g Galbanum

Bitte denken Sie immer daran: Gefühle sollen und dürfen unter keinen Umständen erzwungen werden, auch nicht mit Hilfe magischer Rituale, denn der Magier der weißen Zunft stellt dem freien Willen eines Menschen (und auch dem eines Tieres) nichts gewaltsam entgegen!

Die große Beschwörung

10 g Weihrauch
10 g Belladonna
5 g Asa foetida
10 g Bilsenkraut
10 g Galbanum
5 g Stramonium
5 g Storax

Praktische Tips für die Räucherstube

Vorzugsweise werden Räuchermischungen natürlich in einem geschlossenen Raum abgebrannt, damit die in den Harzen und Essenzen enthaltenen Wirkstoffe sich bestmöglich entfalten können! Allerdings sollten Sie darauf verzichten, den Rauch direkt einzuatmen, denn das ist nicht gut für Ihre Gesundheit, vor allem für die Schleimhäute.

Es reicht völlig aus, wenn Sie diese Mischungen genauso handhaben wie die Öle in der Duftlampe. Da würde ja auch niemand der Idee verfallen, sich direkt davor zu setzen, den Kopf über die Duftlampe zu halten und die Dämpfe einzuatmen. Seien Sie also bitte vorsichtig – und glauben Sie nicht alles, was Sie von und über Magier und Hexen im Verlauf der Zeit gehört und/oder gelesen haben!

Das Abwiegen von Pulver, Kraut und Harzen läßt sich am einfachsten mit einer dieser hübschen antiken Brief- oder der neueren Diätwaagen bewerkstelligen, und es ist auch nicht so schlimm, wenn die angegebenen Gewichtsverhältnisse nicht peinlich genau eingehalten werden, schließlich sind diese Mischungen ja nicht zur innerlichen Anwendung gedacht. Es kann auch sein, daß Sie Schwierigkeiten haben werden – wie bereits erwähnt – alle Zutaten für eine Rezeptur zu erhalten. Wenn das der Fall ist, verlassen Sie sich auf Ihre innere Stimme, denn diese wird Ihnen sicherlich eine brauchbare Alternative empfehlen! Sie werden ohnehin leicht feststellen können, daß durch das Experimentieren mit den Zutaten die besten Ergebnisse erzielt werden. Magie ist und bleibt eine sehr individuelle Angelegenheit und läßt sich schon nicht in eine für alle Menschen anwendbare Schablone pressen. Sie werden ganz bestimmt genau das für Sie am besten geeignete Gemisch ausfindig machen, das dann ganz hervorragend Ihrem Wesen entspricht – oder dem Ihres Partners – je nach dem!

Und wie man ebenfalls aus der Geschichte weiß, wurden in Hexenprozessen die Angeklagten nicht selten beschuldigt, diese Zaubertränke gar auf Bestellung zubereitet zu haben. Viele dieser Zaubertränke bestanden aus pharmazeutisch kaum wirksamen Mitteln, die nur in sehr geringen Mengen Narkotika (zum Beispiel Alraun, der Wurzel von Mandragora) und kantharidinhaltige [1)]Stoffe enthielten. Nun, einerseits waren sich die damaligen Ärzte alle einig, daß derartige Mittel es nicht einmal würdig waren, erwähnt zu werden. Wenn es aber darum ging, eine dieser Hexen der Hexerei zu überführen, war man sich durchaus einig, daß ein Philtrum die Sinne rauben konnte oder den Verlust des Gedächtnisses herbeiführen! Doch damit nicht genug: Plötzlich vermochte ein Zaubertrunk sogar schlimme Krankheiten auszulösen – die sogar zum Tode führen konnten und ähnliches mehr! ...

---

1) Drüsenabsonderung der spanischen Fliege, in der Naturheilkunde in blasenziehenden Pflastern verwendet.

Nun gut. Zurück ins Hier und Jetzt!

Ein mit Liebe und Raffinesse zubereitetes Aphrodisiakum aus appetitlichen Zutaten kann nicht nur ein sehr schmackhaftes Getränk sein, sondern auch die Sinne auf angenehme Weise anregen und die Lust auf sinnliche Liebe steigern. Sowohl bei Ihnen wie auch bei Ihrem Liebsten! Damit Sie künftig wissen, wovon ich spreche, sollten Sie es einfach einmal ausprobieren!

☆☆☆☆☆

Farbenmagie

Farben spielen natürlich auch (oder gerade) in der Räucherstube eine wichtige Rolle, und es ist nicht schwer und schon gar nicht kompliziert, sich das Wissen um die Magie der Farben - in bezug auf Kleidung und Wäsche - nutzbar zu machen. Und diese magische Methode funktioniert natürlich dann ganz besonders gut, wenn Sie diese zusätzlich noch mit den ätherischen Ölen und/oder magischen Räucherungen anwenden, denn wenn Sie diese Kombination aus bewußtem Einsatz bestimmter Farben und den dazu passenden Düften einsetzen, wird der von Ihnen beabsichtigte Erfolg sicherlich nicht lange auf sich warten lassen!

Was es nun mit dem sichtbaren Einsatz von Farben konkret auf sich hat, ist relativ schnell erklärt!

Dabei spielt es keine entscheidende Rolle, welche Art von Ritual Sie durchführen möchten, sondern es geht vielmehr darum, daß Sie lernen, wie man die verschiedenen Möglichkeiten anwendet und was die einzelnen magischen Methoden bewirken können.

Gehen wir einmal davon aus, daß Sie sich und Ihrem Partner einen unvergeßlichen Abend oder ein paar besonders schöne Stunden bereiten möchten und sich dabei einiger hilfreicher Tricks aus dem Reich der Farbmagie bedienen wollen.

Alle Farben wirken nicht nur auf das Auge des Betrachters, sondern können auch bestimmte Gefühle, Bedürfnisse oder Assoziationen erzeugen, denn

Farben sind auch verantwortlich für ganz bestimmte Schwingungen und nehmen auf diese Weise Einfluß auf das menschliche Unterbewußtsein.

Wenn man also um die Kraft der Farben weiß, kann man dieses Wissen natürlich auch zum Einsatz bringen und mit etwas Fingerspitzengefühl bestimmte Gefühle und Stimmungen – bei sich und seinem (Liebes)partner – heraufbeschwören.

Sie sehen also, die Wahl, die Sie bezüglich der Farben treffen, für sich selbst (Kleidung, Haarschmuck, Make-up, Schals etc.) und Ihre Accessoires im Zimmer (die selbstverständlich auch Kerzen beinhalten), sind, genau betrachtet, nicht weniger wichtig als die Düfte und/oder Räucherungen, die Sie bei einem Ritual zum Einsatz bringen!

Machen Sie doch ganz einfach einmal die Probe auf Exempel und lassen Sie sich von der Wirksamkeit der Farbenmagie überraschen.

Falls Sie der Meinung sind, die von Ihnen benötigte Farbe passe nicht so recht zur Einrichtung oder zu den im Raum bereits vorhandenen Farben, denken Sie bitte daran, daß es schon ausreichend ist für ein magisches Ritual, wenn Sie mit Stoffen oder Decken in einer bestimmten Farbe arbeiten; diese lassen sich hinterher ja ganz leicht wieder entfernen. Aber es ist auch schon sehr hilfreich, wenn Sie, wie bereits erwähnt, nur ein paar edle Steine und einige Kerzen in einer bestimmten Farbe zu Hilfe nehmen. Es muß nicht zwangsläufig viel von einer Farbe im Raum vorhanden sein, damit die Magie der Farben wirkt, denn

Magie findet bereits in unseren vorbereitenden Gedanken statt und nicht nur im Augenblick der praktischen Anwendung! Bitte denken Sie immer daran, wenn Sie Vorbereitungen für ein Ritual treffen.

Orange

Schenkt Selbstvertrauen, Lebensfreude, Energie und Optimismus.

Blau

Sorgt für fließende Gespräche und macht frei und unabhängig.

Rot

Wird Ihre Leidenschaftlichkeit zutage fördern und natürlich auch die Leidenschaft Ihres Partners!

Lila

Wird Ihnen dabei behilflich sein, wenn Sie charakterliche Gegensätze miteinander vereinen wollen und hilft, Ihre spirituelle Seite zu wecken!

Gelb

Ist ebenfalls eine das Bewußtsein stärkende Farbe und wird gleichzeitig Ihren Verstand schärfen.

Dunkelblau

Gehört zu den Farben, die dabei helfen, kühl und konzentriert zu bleiben und auf unvorhersehbare Ereignisse gelassen zu reagieren. Allerdings finde ich, daß wir, wenn es um Erotik geht, getrost auf Dunkelblau verzichten können!

Sie wollen ja Gefühle wecken – nicht dämpfen!

Dunkelgrün

Bei dieser Farbe verhält es sich ganz ähnlich wie bei Dunkelblau – allerdings, wenn Sie und Ihr Partner sich gegenseitig nur mit einer ausgiebigen Massage etwas Gutes tun wollen, wirkt Dunkelgrün durchaus entspannend und sehr beruhigend!

Hellgrün

Läßt Sie aus dem Herzen heraus handeln, fühlen und denken!

Weiß

Wirkt unter Umständen viel zu kalt und leidenschaftslos und ist daher für eine sinnliche Nacht mit leidenschaftlichen Gefühlen wohl weniger gut geeignet! Allerdings stärkt Weiß das Urvertrauen eines Menschen.

Orange, **Rot** und **Violett** in Kombination angewendet vermitteln dem Betrachter eine sanfte aber dennoch sehr sinnliche Schwingung und wecken den Wunsch nach mehr!

Braun, Beige oder kräftiges Rot

Wird Ihnen helfen, Ihre Kräfte zu konzentrieren!

Rosa

Ist sicherlich die Farbe schlechthin, wenn es darum geht, unvergeßlich zärtliche Stunden mit dem Liebsten zu erleben! Besonders dann, wenn Sie sich zusätzlich für den hinreißenden Duft der Vanille entschieden haben.

Schwarz

Ist eine sehr mächtige Farbe, falls man hier überhaupt von Farbe reden kann – und wird von Magiern viel und gerne zur Anwendung gebracht, selbstverständlich auch von Magiern der weißen Zunft! Doch halte ich diese Farbe nicht unbedingt für liebesfördernd, weshalb sie hier in diesem Buch keine Verwendung findet. Falls Sie und Ihr Partner allerdings ein ausgeprägtes Faible für Schwarz hegen, so steht es Ihnen selbstverständlich frei, auch diese Farbe anzuwenden. Wichtig ist immer, daß Sie sich wohlfühlen und Ihre Bedürfnisse berücksichtigen, damit Sie sich frei entfalten können.

Sie können Farben selbstverständlich nach Intuition wählen und nach Herzenslust miteinander kombinieren, und Sie werden auch sehr schnell feststellen, daß man Farben ebenso häufig wechseln kann, da ja auch menschliche Stimmungen und Bedürfnisse sich verändern und einem ständigen Wechsel unterliegen!

Seien Sie also immer und zu jeder Gelegenheit Ihr eigener Komponist und schreiben Sie mit Freude und Einfallsreichtum Ihre ganz persönliche Liebesmelodie!

Tip:

Wie schon gesagt, es kommt keinesfalls darauf an, wieviel von einer Farbe Sie für ein Ritual verwenden – sondern nur, daß Sie es tun und auch, daß Sie dabei die passenden Gedanken hegen!

Hier nun ein praktisches Beispiel für ein kleines Ritual in Verbindung mit Farben:

Sie wählen – weil Ihnen der Sinn nach ungezügelter Leidenschaft steht – ein knalliges Rot! Sie entscheiden sich ebenso für die schwülen, schweren Düfte, bei denen auch ein edles Rosenöl nicht fehlen sollte. Nun, jetzt könnten Sie sich eine hübsche Anzahl von Kerzen besorgen (wobei Sie sich auch nach der Zahlenlehre und vielleicht auch noch nach den Planeten richten können!). Ferner könnten Sie für eine rötliche Beleuchtung im Badezimmer sorgen, falls Sie ein gemeinsames Entspannungsbad mit Ihrem Liebsten planen, sozusagen als Einstimmungsritual. Sie wählen vielleicht auch noch eine rote, flauschige Dekke als Massageunterlage, möglicherweise ein Gläschen schweren, dunklen Rotwein (oder, falls Sie weder Kosten noch Mühe scheuen, einen selbst zubereiteten, köstlich schmeckenden Liebestrunk!), und Sie fügen Ihrem Massageöl, das Sie eigens für diesen besonderen Abend hergestellt haben, noch einen roten Stein hinzu – Karneol, Granat, rote Koralle, rotbrauner Spinell oder den seltenen Bixbit, um Ihnen einige der hierfür geeigneten Steine zu nennen, der die mentale Schwingung des Öles verstärkt.

So lassen sich also mit Farben außergewöhnliche sinnliche Effekte erzielen, und auch hier sind Ihrer Experimentierfreudigkeit keine Grenzen gesetzt.

☆☆☆☆☆

Ein paar Worte zum Schluß

So, liebe Leserin und lieber Leser – nun steht Ihren sinnlichen, erotischen Stunden nichts mehr im Wege – Ideen, Tips, Rezepte und Tricks habe ich Ihnen zur Genüge genannt. Jetzt sind Sie und Ihre Phantasie gefragt – und natürlich ein wenig Mut, mal etwas Neues auszuprobieren.

Erfüllen Sie Ihren heute so oft entzauberten Alltag mit magischem Leben und dem Zauber der Liebe und Sinnlichkeit!

Ich wünsche Ihnen viele erfüllte, zärtliche und erotische Stunden, die Ihnen neue Kraft schenken mögen!

In diesem Sinne

Herzlichst Ihre
Melissa Bónya

☆☆☆☆☆

Melissa Bónya

Amulette und magische Rituale

176 Seiten, brosch. ISBN 3-934254-35-7

Melissa Bónya vermittelt den LeserInnen das nötige Basiswissen „rund ums Amulett“. Dazu gehören u.a. die Bedeutung von Farben, Zahlen, Wochentagen, der einzelnen Planeten und Mondphasen, sowie Pflanzen und ihre Zauberkraft. Viele praktisch anwendbare Ratschläge und altüberlieferte sowie neu gechannelte, magische Rituale - Hilfe gegen Hexen- und Voodoo-Zauber, Schutzrituale und –amulette, magische Liebessteine, das Sternzeichen-Amulett, ein Schutzamulett für Ihr neues Zuhause, u.v.m. machen dieses Buch zu einem Grundlagenwerk für alle, die tiefer in die Magie einsteigen möchten.
Mit zahlreichen magischen Ritualen, Zaubersprüchen und Zeichnungen.
Schließlich soll ein Glücksbringer auch halten, was er verspricht ...

Melissa Bónya

Die schlanke Hexenküche

128 S., brosch. ISBN 3-934254-21-7

Pfunde einfach wegzaubern, wer wünscht sich das nicht. Wohlfühlgewicht ohne Jojo-Effekt – im Einklang mit der Natur, so wie es die Kräuterfrauen in früherer Zeit praktiziert haben. Altes Wissen, die schlanke Hexenküche, von Melissa Bonya wiederentdeckt, mit Kräutern, Wurzeln, Steinen, Ritualen, Visualisierungen und Meditationen – und mit der Hilfe des Mondes.
Ein Buch, das ganz besonders Frauen anspricht, sind sie es doch, die dieses uralte Wissen seit Jahrhunderten in sich tragen.

Melissa Bónya

Schönheit aus der Hexenküche

124 S., brosch., ISBN 3-934254-25-X

„Be-zaubernd schön von Kopf bis Fuß!“ – welches weibliche Wesen hört solch ein Kompliment nicht gern?!
Träumen auch Sie davon, sich wieder im eigenen Körper wohlzufühlen, im Einklang mit der Natur zu sein, und eine magische Ausstrahlung zu gewinnen?
Nur zu! Lassen Sie sich von Melissa Bónyas magischen Schönheitstips inspirieren – einer Mischung aus dem alten Wissen der Kräuterfrauen und den heutigen Erkenntnissen über Schönheit, Haut und alles, was damit zusammenhängt - und Ihr Traum wird Wirklichkeit werden!
Mit zahlreichen Rezepten und den „Sieben magischen Tips gegen Zellulitis“.

Gina Hellmann

Mein magisches Rosenbuch

240 Seiten, geb. mit zahlr. vierfarb. Abb. ISBN 3-934254-33-0

Gina Hellmann hat sich auf Spurensuche gemacht und Rosen in ihrer Vielfalt entdeckt, die bisher einmalig ist: Wußten Sie, daß auch die Rosenliebe durch den Magen geht? Oder sich mit einer Rose wunderschön meditieren läßt? Oder die Rose inzwischen auch ihren Platz in Feng Shui gefunden hat? Oder ein Rosenritual die Liebe neu erblühen läßt?
Ratschläge, wie man Rosen züchtet, finden Sie in diesem Buch nicht – dafür eine Fülle magischer Tips rund um die Rose - und natürlich dürfen literarische Rosenblüten nicht fehlen.
Also: Lassen Sie sich überraschen und fangen Sie den Sommer und den Zauber der Rose ein – mit der Lektüre dieses Buches, einem köstlichen Rosendessert, einer romantischen Liebesnacht im Duft von Rosen, und, und, und ...
Mit vielen Rezepten und Ritualen rund um die Magie der Rose und einer Reihe wunderschöner Bilder und Fotos.

Sylvia Leela Isani & Christine Janson

Ein Fest der Sinne – Wohlfühlrituale für jeden Monat

240 Seiten, Großfoßformat, geb. ISBN 3-934254-31-4

Dieses Buch inspiriert vor allem Frauen dazu, ihr Leben sinnlich, phantasievoll, gesundheitsbewußt und im Einklang mit den Jahreszeiten und der Natur zu gestalten.
Jeder Monat seht unter dem Thema einer Göttin, die einen Persönlichkeitsanteil in uns verkörpert. Darüber hinaus sind jedem Monat eine passende Heilpflanze, ein Körperteil, Yoga- und Qi-Gong-Übungen, Naturheilrezepte, Schönheitstips und Kochrezepte zugeordnet.
Ungewöhnliche Rituale, Meditationen, ausgefallene Speisen aus verschiedenen Kulturkreisen, Verwöhn- und Schönheitsrezepte – all dies lädt Sie dazu ein, den Alltag mit größerer Leichtigkeit und Lebensfreude zu meistern.
Und werden Sie schließlich selbst kreativ und schaffen Sie sich „Ihren" 13. Monat!

Leahs Liebeszauber

Ausprobiert und für gut befunden von Leah Levin
64 S., DIN A 6, geb., ISBN 3-926374-76-4

Leah Levine, bekannt aus Funk und Fernsehen, weiht uns in die Geheimnisse der Magie der Liebe ein – Kerzenzauber für die Liebe, Harmoniezauber in Partnerschaften, Trennungszauber, Zauber gegen Fremdgehen usw. – ein wahrlich zauber-haftes Buch über das schönste Thema der Welt.

Varuna Holzapfel

Das Hexeneinmaleins – Weg einer Einweihung

128 S. brosch. ISBN 3-926374-54-3

Du mußt verstehn! Aus Eins mach´ Zehn, ...
Das Hexeneinmaleins ist ein uralter schamanischer Einweihungsweg und wurde im Mittelalter verschlüsselt, um ihn vor der Inquisition zu retten. Bei ihrer schamanischen Einweihung sah die Autorin in einer Vision ein geöffnetes Buch vor sich – die Lösung dieses uralten Rätsels.

Varuna Holzapfel

Einweihung in das Hexeneinmaleins

128 S. brosch. ISBN 3-926374-55-1

Praktisches Arbeiten mit dem Hexeneinmaleins im Kreislauf des Lebens: Geburt, Wasserweihe, Visionssuche, Einweihung in einen Geheimbund, heilige Hochzeit, Schwangerschaft u.v.m. Zeremonien und Rituale zur Einstimmung auf die Feste begleiten die einzelnen Abschnitte.

Leah Levine

Licht und Schatten der Magie - Wege für ein magisches Leben

196 S. brosch.
ISBN 3-926374-65-9

Licht und Schatten der Magie ist die kritische Auseinandersetzung mit theoretischen und praktischen Formen der Magie. Die Autorin ist seit 19 Jahren praktizierende Magierin und Hexe und hat in dieser Zeit viele Aspekte ihres Genres kennengelernt. Das Buch bietet Wege in die magische Praxis mit vielen Ritualen und Anrufungen.

Hexenmärchen

Aufgespürt und zusammengestellt von Melissa Bónya

64 S., geb., 3-934254-26-8

„Bezaubernde" Märchen über die weisen Frauen – u.a. von Wilhelm Busch, Hermann Löns, den Gebr. Grimm, Paul von Heyse, u.a. .

Orientalische Frauenmärchen

Gehört und neu erzählt von Elke Wegener

64 Seiten geb. ISBN 3-934254-29-2

Es war einmal – so beginnen Märchen auf der ganzen Welt – auch im Orient, der Wiege des Märchens schlechthin, ermöglichten diese es doch vor allem den Frauen des Orients, sich über die gesellschaftlichen Barrieren hinwegzusetzen und die ihnen eigenen Fähigkeiten
– Witz, Verstand und Klarsicht – darzustellen in Märchen wie: *Die Quelle; der Schleier;* oder *Allah ist gnädig.*

Alte Feenmärchen

Gepflückt und zu einem Strauß gebunden von Marina Grünewald

64 S., geb. ISBN 3-934254-10-1

"Komm hinweg, o Menschenkind! In die Wälder, in den Wind, Hand in Hand mit einer Fee, Denn die Welt ist, ahnst du's auch nicht, voller Tränen, voller Weh." W.B. Yeats

Ein literarischer Reigen alter Feenmärchen, in Szene gesetzt u. a. von
Ernst Ritter von Dombrowski, Charles Perrault, Friedrich Schwed, George Sand -
Geschichten aus der Anderswelt von dem *Kleinen Volk*, in denen, wie könnte es anders sein, immer noch das Gute und die Wahrheit siegen. Vielleicht ist das ja auch der Grund, warum Märchen wie diese heutzutage wieder Hochkonjunktur haben.